LES SARKOZY GÈRENT LA FRANCE

LUZ

44, rue de Turbigo, 75003 Paris
Dépôt légal : mars 2009
Imprimé en France
ISBN : 978-2-35766-010-6

VOUS SENTEZ ENCORE PLUS BON QU'ÉRIC BESSON !
VIL FLATTEUR !
LUZ

LES MARIÉS DE L'AN BLING
ALLÔ ! GUÉANT ? TOUT S'EST BIEN PASSÉ, COMME LES DEUX DER-NIÈRES FOIS...
JE SUIS TELLEMENT HEUREUSE, NICOLAS !
OUI, PRÉSIDENT DÉBY... TOUT MON SOUTIEN... MES HOMMAGES À MADAME DÉBY... JE N'Y MANQUERAI PAS..
DOMMAGE QUE CARLOS N'AIT PAS PU VENIR AU MARIAGE, MAMAN AURAIT ÉTÉ RAVIE DE LE RENCON-TRER, ELLE EST FAN...
BIEN SÛR QUE JE VOUS SOUTIENS, MARTINON... JE SUIS DANS UN TUNNEL, ÇA VA COUPER...
ET QUEL BONHEUR D'AVOIR TROUVÉ UN HOMME ENFIN À L'ÉCOUTE DE MES SENTIMENTS !

COMMANDEZ-MOI ILLICO UN SONDAGE SUR NEUILLY ! LA TIGE A L'AIR DE NOUS PLANTER !
J'AI COMPOSÉ UNE CHANSON POUR TOI, MA MUSE...
SI JE LA CHANTE AUX "VICTOIRES DE LA MUSIQUE", ELLES SERONT UN PEU AUSSI LES "VIC-TOIRES DE L'AMOUR"...
JE SAIS QUE TU ES DERRIÈRE TON RÉPONDEUR, MAIS SACHE-LE : JE L'AI FAIT, CÉCILIA...
JE-L'AI-FAIT !
ÉCOUTE, CHOUCHOU ! FAUT JUSTE L'IMAGINER AVEC UN ORCHESTRE À CORDES...
Mon mec / c'est ma came / j'le prends / j'le roule / j'le fume ♫
Mon mec / c'est mon bidule... MAIS LÀ, J'AI PAS ENCORE TROUVÉ DE RIME EN "ULE"...
ALLÔ ? GUAINO ? VOUS SAVEZ AUSSI ÉCRIRE DES CHANSONS ?
LUZ

MARTINON NON NON
MARTINON, IL EST PRÉFÉRABLE QUE VOUS NE VENIEZ PAS AVEC MOI EN GUYANE ET CONSACRIEZ PLUTÔT VOTRE ÉNERGIE À LA CONQUÊTE DE NEUILLY!
AVEC VOTRE PEAU DE ROUQUIN, VOUS RISQUEZ DE CHOPER UN COUP DE SOLEIL QUE LES NEUILLÉENS NE VOUS PARDONNERAIENT PAS...
ET ALLEZ CHERCHER LES VOIX DES VIEUX JUSQUE DANS LES CHIOTTES DES HOSPICES!
GO, MARTINON! GO!
SIR, YES SIR!
ALLÔ! GUÉANT? CONVOQUEZ-MOI LA TRIPLETTE!
ON VA CHANGER LE CASTING À NEUILLY...
TRAVAILLER + POUR GONFLER +
NON, LE TOCARD NE VIENT PAS EN GUYANE! MAIS J'ESPÈRE POUR LUI QU'IL A DÉJÀ FAIT SES VALISES...
JOHN RAMBO THE MOVIE

JEAN, PIERRE, LOUIS, J'AI DE GRANDS PROJETS POUR VOUS... JEAN, IL EST TEMPS POUR LE CLAN SARKOZY DE REPRENDRE LES MANETTES À NEUILLY !
NYPD
MARTINON EST SI NUL QUE, QUAND IL VA SUR LES MARCHÉS, LES MÉMÉS LE CONFONDENT AVEC UN LÉGUME TOMBÉ D'UN CAGEOT...
JEAN, TU VAS SAUVER L'HONNEUR FAMILIAL EN PRÉSENTANT UNE LISTE CONTRE LUI !
YES, PAPA
SI JAMAIS ÇA FOIRE, ON FAIT DIVERSION AVEC TOI, PIERRE ! ON DEMANDE À NIKOS DE T'INSCRIRE POUR LA FINALE DE LA « STAR AC », ET TU PRÉSENTES UNE LISTE D'OUVERTURE AU CHÂTEAU !
MARTINON NON NON
YO, PAPA
ET SI C'EST LA CATA, JE DEMANDE À PASCAL NÈGRE D'ENGAGER LOUIS DANS TOKIO HOTEL, ET DANS 5 ANS, HOP ! IL DEVIENT CHANCELIER !!
YA MON PAPA
LUZ

TONTON GUÉANT
BEAU TRAVAIL, GUÉANT!
L'EXPRESS
CARLA BRUNI SARKOZY
NE FAITES PAS LE MODESTE!
SANS LA BEAUTÉ DE MADAME BRUNI-SARKOZY, RIEN N'AURAIT ÉTÉ POSSIBLE!
OUIIIIIN! IL EST OÙ MARTINON? J'VEUX TIRER LA CRAOUATE À MARTINON!
MARTINON EST PARTI POUR UN TRÈS LONG VOYAGE... ALLEZ, LOUIS, VA PLUTÔT JOUER AVEC LE FILS DE TATA CARLA!
NAAN! IL EST PAS RIGOLO! ET IL A PAS D'CRAOUATE!
J'VEUX TIRER LA CRAOUATE À MARTINON!
SÛR QU'IL VA NOUS MANQUER, CE MARTINON! IL SAVAIT FAIRE LE DADA COMME PERSONNE.
?

C'EST QUOI, ÇA?
AURÉLIEN, LE FILS DE CARLA. IL EST... COMMENT DIRE...
PUM!
...UN PEU ARTISTE.
VOYONS, AURÉLIEN, TU PEUX RETIRER TES MAINS, IL N'Y A PLUS DE MÉCHANTS PAPARAZZI ICI, ON EST ENTRE TONTONS UMPISTES!
NAN, MAMAN A DIT...
ALLEZ, FAIS PLAISIR À TONTON ZYZY ET TONTON GUÉGUÉ
AAH, TU VOIS, C'EST PAS COMPLIQUÉ...
GOUZI GOUZI
GUÉANT, IL ÉTAIT PAS INDISPENSABLE, VOTRE "GOUZI"
OUIIIIIN
JE N'AI PAS VOS TALENTS D'ORATEUR, M. LE PRÉSIDENT.
LUZ

LE SALON DU PAUV'CON
DÉTENDEZ-VOUS, MONSIEUR LE PRÉSIDENT, CE NE SONT QUE QUELQUES MAINS À SERRER
FAUT TOUT FAIRE SOI-MÊME DANS CE PAYS. GUÉANT, PASSEZ-MOI LES GANTS STÉRILES !
SALON de L'AGRICULTURE
PUTAIN, ÇA SENT LA VIEILLE BIQUE ! ON SE CROIRAIT AU CONSEIL CONSTITUTIONNEL OU DANS UN HOSPICE À NEUILLY !
SÉCURITÉ ! VIREZ-MOI CETTE TRUIE, ELLE A FOUTU DU SAINDOUX SUR MA GOURMETTE !

C'EST QUOI, CE TRUC MOU ET TIÈDE? ON DIRAIT DU MARTINON...
BORDEL, MES WESTON!
TU SERRES LA MAIN QUI TOUCHE LES NICHONS DE CARLA-LA-BONNASSE, C'EST ÇA QUI TE FAIT KIFFER, HEIN, LE BRANLEUR DE PIS...
GLOU GLOU
QUOI, GLOU GLOU!
T'ES PAS CONTENT, CASSE-TOI ALORS
GLOU?
C'EST ÇA, CASSE-TOI, PAUV' CON!
MON PORTABLE!!! CHOPEZ-MOI CETTE RACAILLE!
TURLU GLOU GLOU
TURLU GLOU GLOU
C'EST UN JOURNALISTE DU "NOUVEL OBS"!
LUZ

TEL TRAÎTRE, TEL FILS
AAH, MARTINON, RAVI DE VOUS COMPTER À NOUVEAU PARMI NOUS
C'EST UN HONNEUR DE VOUS SERVIR, MONSIEUR LE PRÉSIDENT..
À DADA, TONTON NON-NON!
HEU... SINON, JE SUIS TOUJOURS OPEN POUR UN POSTE D'AMBASSADEUR LOIN DE NEUILLY... AU ZIMBABWE, KOSOVO OU AILLEUUUURGL!
DADA NON-NON!
ARGL
POV' CON.
CONTINUEZ À ÊTRE OPEN, MARTINON. J'AI BESOIN DE GENS OPEN DANS MON ÉQUIPE!
ALORS, MON FILS, ÇA FARTE?
OUI, MON PEUPA! J'AI JOGGÉ TOUTE LA JOURNÉE À LA RENCONTRE DE MES FUTURS ADMINISTRÉS SANS GLISSER SUR UNE SEULE CROTTE DE YORK!
I ♥ NY neuilly

AS-TU TRAHI QUELQU'UN AUJOURD'HUI ? "PAS UN JOUR SANS TRAÎTRISE", TEL EST LE SECRET DE LA FORME !
HAN HAN
OUI PEUPA... J'AI REMPLACÉ LE BOTOX DE TATA BALKANY PAR DU CANIGOU !
J'TE LAISSE, MON PEUPA... FAUT QUE J'AILLE À LA FASHION WEEK ME DÉGOTTER UN TOP MODEL AVANT LE PREMIER TOUR DES CANTONALES !
ÉVITE DE RAMENER UNE KATE MOSS QUI RENIFLE DEMAIN AU P'TIT DÈJ' !
JEUNE CON.
MAMAN, JE T'AI DIT DE NE PAS TRACTER POUR LE DISSIDENT UMP DANS LES COULOIRS DE L'ÉLYSÉE !
JE VAIS BIEN CROISER UN DE TES CONSEILLERS QUI ME COMPRENDRA, LUI...
VOTEZ TEULLÉ
NEUILLY AVEC TEULLÉ
ÇA SENT LA PÂTÉE POUR CHIEN... T'AS CHANGÉ DE PARFUM ?
JE NE VOIS PAS DE QUOI TU PARLES...
PÔV' CON.
NEUILLY AVEC TEULLÉ
LUZ.

ÇA SENT LE REMANIEMENT
JE NE COMPRENDS PAS, J'AVAIS RENDEZ-VOUS AVEC SARKOZY...
DÉSOLÉ, M. ALLÈGRE, MAIS LE PRÉSIDENT EST PARTI EN COLOMBIE LIBÉRER Mme BETANCOURT.
MAIS DITES-MOI, C'EST PAS LE FILS À CARLA BRUNI, ÇA?
OÙ Ç..?
CHBLIIING
PUM!
BONJOUR, MON PETIT, OÙ EST TON BEAU-PAPA? Y A QUE'QU'UN QUI M'A DIT QU'IL REMANIAIT ENCORE...
M. ALLÈGRE!..
MAMAN VEUT PAS QUE JE PARLE AUX PAPARASSIS!
MAIS NON, MON PETIT, JE SUIS UN PROFESSEUR TRÈS CONNU DES PETITS NENFANTS...

JE TE FAIS LE MAMMOUTH IRRADIÉ, SI TU ME DIS OÙ EST TON GRA…
DE VILLIERS, QU'EST-CE QUE VOUS FOUTEZ LÀ ?
ET VOUS, ALORS ? C'EST FINI, L'OUVERTURE À GAUCHE !! PLACE À L'EXTRÊME DROITE, MON POTE !
BALKANY ?
ARRÊTEZ D'ME SUIVRE, LES PAPARASSIS !
DÉGAGEZ, C'EST POUR LES PRO-SARKO, LA PART DU GÂTEAU…
DÉSOLÉ, MORANO, CHUIS PREUM'S
QUE NENNI, C'EST AU TOUR DES CHIRAQUIENS, JE VOUS PRIE…
TA GUEULE, BAROIN !
'AGAD LE MAMMOUTH !
MAIS-HEU
DÉGAGE, HARRY POTTER, OU JE TE FAIS BOUFFER LE BALAI QUE T'AS DÉJÀ DANS L'CUL !
ALLEZ, CHOUCHOU, SI TU RESTES IMMOBILE COMME FILLON PENDANT ENCORE UNE MINUTE, TU VAS GRIMPER DANS LES SONDAGES…
LE SONDOMÈTRE FRÉTILLE, MONSIEUR LE PRÉSIDENT
LUZ

MUNICIPALES PARANOS
T'ES SÛRE DE NE PAS VOULOIR M'ACCOMPAGNER VOTER, CARLITA?
TU SAIS BIEN QUE JE NE ME SUIS PAS INSCRITE SUR LES LISTES ÉLECTORALES EN FRANCE ET QUE JE SUIS PLUTÔT DE L'ITALIE QUI FAIT LA GRASSE MAT' TÔT... DÉSTRESSE, CHOUCHOU !
MAIS NON, JE SUIS MÉGA-ZEN, C'EST JUSTE LA MONTÉE DANS LES SONDAGES DE CE PAUV'-CON DE FILL...
BIDI BIDIIIP!
AAAAAH!
C'EST RIEN: ENCORE UN SONDAGE QUI ANNONCE LA PERTE D'UNE VILLE PAR L'UMP...
TRANQUILLE, CHOUCHOU... UNE ÉLECTION DE PERDUE, DIX DE RETROUVÉES...
T'ES PRÉSIDENT, IL NE PEUT RIEN T'ARRIVER DE GRAVE, SARKOLITO.

PLONK PLONK
VLAAM!
QU'Y A-T-IL, CHOUCHOU? TU M'AS FAIT RATER MON «RÉ»!
RIEN CARLITA. UN PEU DE FATIGUE
CONTINUE TON RÉ.
TU PEUX SORTIR, FILLONLITO. IL EST PARTI.
PLONK PLONK
FLÛTE, ON VIENT ENCORE DE PERDRE UNE VILLE...
LUZ

Wii PRÉSIDENT
SCORE 22
VOILÀ, M. LE PRÉSIDENT...
...VOTRE Wii FITNESS EST INSTALLÉE !
PLUS QU'À CRÉER VOTRE Mii, VOTRE PERSONNAGE FICTIF, ET VOUS POURREZ COMMENCER.
PLUS GRAND, MON PERSO, NICO...
AH ! ENFIN, JE PEUX FAIRE DU JOGGING SANS CROISER DES PAUV'CONS DANS LA RUE !
VOUS POURREZ L'EMME-NER DANS TOUS VOS DÉPLACEMENTS
ON PEUT PAS RAJOUTER DES GARDES DU CORPS DANS VOTRE JEU VIDÉO ?
ASSEZ DE CAVALE ! VOUS N'AURIEZ PAS UN JEU PLUS FUN-GLISSE ?
ESSAYEZ DONC LE HULA-HOOP, M. LE PRÉSIDENT...
JOGGING
STEP
VOUS SECOUEZ VOTRE BASSIN UNE FOIS À GAUCHE, UNE FOIS À DROITE...
C'EST UN JEU INVENTÉ PAR BAYROU ?

M. LE PRÉSIDENT, C'EST QUOI, CETTE CHOSE?...
NICOLAS PRINCEN LE NOUVEAU RESPONSABLE D'INTERNET À L'ÉLYSÉE CHARGÉ DE COURT-CIRCUITER TOUTES LES RUMEURS QUI CIRCULENT À MON PROPOS SUR LE WEB...
FAITES PAS LA GUEULE, GUÉANT, J'AI BESOIN DE PETITS LÈCHE-CULS DE 24 ANS... C'EST PAS VOUS QUI M'AURIEZ AIDÉ À MONTER MA CONSOLE NINTENDO!
QUOI? SEULEMENT 17 POINTS?
LA CONSOLE DOIT ÊTRE DÉTRAQUÉE! JETEZ-Y DONC UN OEIL, GUÉANT.
C'EST QUE L'ÉLECTRONIQUE, C'EST PAS MON TRUC: JE SAIS À PEINE ENVOYER UN MAIL...
JE VOUS PAIE POUR TROUVER UNE SOLUTION À TOUT, GUÉANT... GROUILLEZ-VOUS! C'EST LA DEUXIÈME MANCHE!
BLOQUEZ TOUS LES SITES PORNOS, JE CROIS QUE LE PRÉSIDENT EST EN TRAIN DE JOUER EN LIGNE...
ALORS, GUÉANT, ÇA VIENT, BORDEL?
HAN! HAN!
...AVEC SA WEBCAM ALLUMÉE!
C'EST QUE C'EST MA PREMIÈRE FOIS, M. LE PRÉSIDENT!
LUZ

THE ULTIMATE CLASSE
YES YES YES
WINDSOR, C'EST LA CLASSE !
ET JE SUIS À CÔTÉ DE LA PLUS CHÈRE ET LA PLUS GROSSE ROLEX DU MONDE !
YES
YEEES
C'EST QUI QU'A L'ÉLYSÉE, HEIN?
C'EST QUI QU'A LE TOP MODEL, HEIN?
C'EST QUI QU'A LA REINE, HEIN?
C'EST QUI QU'A LA CLASSE ICI?
C'EST COMMENT QU'ON DIT "PAUV'CONS" EN ANGLAIS?

ÇA Y EST, JE BANDE... JE BANDE À CÔTÉ DE LA REINE D'ANGLETERRE!
SI, ÇA, C'EST PAS LA CLASSE!
J'AI TOUT CE QUE JE VEUX, TOUT!
ZE WORLD IS MINE!
C'EST QUI QU'A LA CLASSE, HEIN?
LUZ

LE STYLO VOYAGEUR
ALORS, PRINCEN, QUELLES SONT LES RUMEURS INTERNET DE LA JOURNÉE ?
SELON UN SITE ROUMAIN, VOUS AURIEZ VOLÉ UN STYLO AU PRÉSIDENT BÂSESCU...
MEN-SON-GE.
SELON AL-JEZIRA, VOUS AURIEZ BARBOTÉ UN BIC À KADHAFI !
UN BIC... RIDICULE.
SELON www.lisier.fr, VOUS AURIEZ PIQUÉ UN STYLO EN PEAU DE SAUCISSON AU PRÉSIDENT DE LA FNSEA
QUE NENNI
ET SELON LE "GUARDIAN", VOUS AURIEZ CONFONDU LE ROUGE À LÈVRES DE LA REINE MÈRE AVEC UN MONT-BLANC EN ARGENT...
RECTIFIEZ-MOI CES INEPTIES ! CHOURER UN BIC, N'IMPORTE QUOI...

HÉ, HÉ !
MON POPA ! REGARDE COMME JE FAIS DES PROGRÈS !
CLIC CLIC !
PENDANT LES SÉANCES DU CONSEIL GÉNÉRAL, JE ME SUIS ENTRAÎNÉ À REPRODUIRE TOUS TES TICS
HOP
LA CLASSE, NON ?
HOP
HOP
C'EST BIEN, JEAN, MAIS ÉVITE DE TROP CALER TES PAS SUR LES MIENS...
D'AUTANT QU'ON N'A PAS LA MÊME POINTURE..
UN VRAI SARKOZY DOIT AVANT TOUT AVOIR CONFIANCE EN SA PERSONNALITÉ DE WINNER !
MERCI DE TON AIDE, MON POPA
HÉ, HÉ !
CLIC CLIC
MAIS...
HO, LE P'TIT ENCULÉ !
LUZ

CH'TIS PARTOUT, SARKO NULLE PART
TU PEUX MONTRER TON VISAGE, AURÉLIEN : ILS SONT PARTIS, LES VILAINS PHOTOGRAPHES...
MAIS J'AI PEUR DES PIPIRAZZI, MAMAN !
C'EST FINI, LES PAPARAZZI, AURÉLIEN ! BEAU PAPA SARKO A CHANGÉ, IL N'EST PLUS PIPOLE, C'EST UN VRAI PRÉSIDENT QUI A PRIS DE LA HAUTEUR MAINTENANT...
SLUP !
J'AI DÛ DISPARAÎTRE DANS LA STRATOSPHÈRE : PLUS AUCUN JOURNAL NE PARLE DE MOI !
AH SI, LÀ !...
MOUAIS
ENCHÈRES
57455 euros pour la photo de Carla Sarkozy nue
SANTÉ
Roselyne Bachelot contre l'anorexie

POURQUOI FAIRE LE PRÉSIDENT SI C'EST POUR ÊTRE REMPLACÉ EN COUVERTURE DES JOURNAUX PAR LES CH'TIS ET MAI 68 !!
...PAR DANY BOON ET DANY LE ROUGE
FAUT PAS S'ÉNERVER, FAUT MANGER DES CHICONS, MON PAPA BILOUTE !
LOUIS ! QUE TU SOIS FAN DE TOKIO HOTEL, PASSE ENCORE, MAIS À L'ÉLYSÉE ON NE PARLE PAS À TABLE COMME CHEZ LES CH'TIS !
OUSTE, LES NAINS ! VOUS ME FATIGUEZ !
TU ES DUR AVEC LOUIS, SARKOLITO ! PERSONNELLEMENT, ÉTANT ORIGINAIRE DE TURIN, AU NORD DE L'ITALIE, JE SUIS AUSSI UNE CH'TI QUELQUE PART...
LA CH'TI DES GNOCCHIS ? TIENS, TIENS
ALLÔ ! GUAINO ? J'AI TROUVÉ UNE IDÉE MORTELLE POUR MONTER DANS LES SONDAGES...
PARIS MATCH
SARKOZY S'EST MARIÉ AVEC CARLA BILOUTE
CARLA
LUZ

LES NERFS À VIF
M. LE PRÉSIDENT, JE VOUS OFFRE UNE PETITE VERVEINE POUR VOUS DÉTENDRE AVANT L'ÉMISSION?
Wii Fit
RAMENEZ-MOI PLUTÔT UNE RED BULL! Y A QUE ÇA ET LE HULA HOOP SUR Wii FITNESS QUI ME DÉSTRESSE!
SARKOLITO, LAISSE-MOI TE BERCER LES TYMPANS DE MA NOUVELLE CHANSON
FISSA, CARLITA, J'AI ANTENNE DANS 7 MINUTES!
ÇA S'APPELLE "J'AI LE COEUR QUI FAIT COUAC"...
Si tu fais des Couacs Tu prends tes cliques et tes claques Que tu sois ministre ou Secrétaire d'Etac ♫
ON SENT PLUS LA PATTE DE GUAINO QUE CELLE D'OBISPO!

Si tu balances au "Monde" Que Borloo est un con ♪ Ou Copé une blonde Fini pour toi Matignon
VOTRE RED BULL, M. LE PRÉSIDENT
Car j'ai le Coeur qui fait Couac! ♪ Quand Fillon est patraque
PUTAIN, PUJADAS! TOUJOURS LIGHT, MON RED BULL!
VOUS AVEZ UNE CARTE DE PRESSE ET VOUS SAVEZ PAS ÇA?
VOUS M'STRESSEZ, PUJADAS!
VOUS VOULEZ FINIR COMME ARLETTE CHABOT, À PRÉSENTER LA MÉTÉO SUR FRANCE 3 BILOUTE?
TANT PIS, JE VAIS LE BOIRE...
LAISSEZ-MOI SEUL ME CONCENTRER AU CALME!
CARLITA, APPELLE DRUCKER, TU REMPLACES SUR-LE-CHAMP SÉBASTIEN TELLIER À L'EUROVISION!
COOL! MERCI, MON TENDRE MÉLOMANE!
M. LE PRÉSIDENT, VOUS ÊTES À L'ANTENNE DANS 1 MINUTE...
Wii Fit
FAITES PATIENTER VOS POV'CONS DE TÉLÉSPECTATEURS JE SUIS EN TRAIN DE PÉTER MON SCORE!
LUZ

C'EST QUI L'PATRON?
MERCI M. LE PRÉSIDENT POUR CET ENTRETIEN TÉLÉVISÉ DES PLUS CORDIAUX ET DÉTENDUS
RED BULL ET HULA HOP, TEL EST LE SECRET, PUJADAS...
DITES-MOI, C'EST DU MERISIER MASSIF, LA TABLE, LÀ... CARLITA ADORE LE MERISIER, ÇA LUI RAPPELLE SES VACANCES EN TOSCANE !
TOC TOC
VOUS EN FAITES RIEN, DE VOTRE TABLE À 20 000 BOULES ? FAUDRAIT PAS GÂCHER, N'EST-CE PAS...
C'EST QUE LE DÉCOR A ÉTÉ PAYÉ PAR TF1 ET FRANCE 2, MAIS...
MARTIN BOUYGUES EST PARRAIN DE MON FILS. IL SERA RAVI DE SAVOIR QUE LOUIS FERA SES DEVOIRS SUR UN CADEAU DE TONTON BOUBOU...
...AVEC VOTRE JOLI MONT-BLANC, PUJADAS, N'EST-CE PAS ?

PAS MAL, CETTE CAMÉRA ! CARLITA ADORERAIT TOURNER SON PROCHAIN CLIP AVEC..
VOUS ME LA LAISSEZ ?
HEU... À VOS ORDRES, M. LE PRÉSIDENT
VOUS PARTEZ DÉJÀ, PPDA ? VOUS N'OUBLIEZ PAS QUELQUE CHOSE ?
HEU... VOICI POUR VOUS, M. LE PRÉSIDENT !
COMME C'EST MIGNON ! JE NE PENSAIS PAS À ÇA, MAIS PUISQUE VOUS Y TENEZ...
VOUS SAVEZ QUE VOUS NE POUVEZ RIEN REFUSER AU PAPA DE L'ENFANT DONT VOTRE PATRON EST LE PARRAIN, HEIN ?...
FORMIDABLE, CETTE TABLE ! ET LES COUSSINS SONT HYPER CONFORT...
ILS SONT EN VÉRITABLE MOUMOUTE DE PPDA !
ET TU N'AS PAS ENCORE ESSAYÉ LES POUFS EN IMPLANTS D'YVES CALVI !
LUZ

OPÉRATION NUNUSSE
CHOUCHOU, JE M'ENNUIE...
JE VOUDRAIS ÊTRE GLOBALEMENT UTILE, TROUVER UNE JUSTE CAUSE, COMME BERNADETTE, AIDER MON PROCHAIN, FAIRE DE L'HUMANITAIRE MÊME AVEC DES ANIMAUX...
HEIN QUOI ?
TIP
TIP TIP
CARLITA, JE TE PRÉSENTE MON AMI PUBLICITAIRE THIERRY SAUSSEZ, QUI VA T'AIDER À CRÉER TA PROPRE FONDATION !
ENCHANTÉ, MÉDÊME SARKOBRUNI !
ALORS JE VOUDRAIIIIS... UN TRUC PLUTÔT AVEC DES ENFANTS...
OUIII
...AVEC UNE MALADIE QU'ON N'ATTRAPE PAS QUAND ON LEUR FAIT DES BISOUS...
OUIII
...ET QU'ON PEUT SOIGNER GRÂCE À DES ANIMAUX MIGNONS COMME DES PELUCHES QU'ON GAGNE DANS LES FÊTES FORAINES...
J'ENTRE LES DONNÉES DANS MON iPHONE...

...LA SEULE CAUSE QUI N'A PAS ÉTÉ PRISE PAR BARDOT OU ADRIANA KAREMBEU, C'EST LA DÉFENSE DES SANGSUES POUR SOIGNER LES FISSURES ANALES EN MILIEU GÉRIATRIQUE!
TIP TIP TIP
FAUT SE DÉPÊCHER, EVE ANGELI EST SUR LE COUP!
ATTENDEZ, IL EN RESTE UNE QU'ANGELINA JOLIE A OUBLIÉE...
LA RÉINTRODUCTION DES ÉCUREUILS DANS LES HÔPITAUX POUR APPORTER DU BONHEUR ET DES GLANDS AUX ENFANTS ATTEINTS DU SIDA!
TIP TIP TI...
CHIC CHIC! T'ENTENDS, CHOUCHOU?
HEIN?
J'ADOORE LES ÉCUREUILS ET LEUR SI JOLIE QUEUE TOUFFUE!
IL FAUDRA QUE NOUS ALLIONS VISITER UN ÉTABLISSEMENT PILOTE À NEW YORK, PRÈS DE CENTRAL PARK...
J'ADOORE CENTRAL PARK!
POURQUOI LES SANGSUES?
Fondation Carla Sark
OPÉRATION NUNUSSE
MON MARI ET MOI-MÊME AVONS TOUJOURS ÉTÉ TRÈS... HEU...
LUZ

LE MIEL ET LES TORCHONS
PARIS MATCH
NON MAIS C'EST QUOI, CETTE PRESSE VÉROLÉE PAR LES SOCIALISTES !!!
L'EXPRESS SARKOZY LE BILAN RATÉ
ON ME DÉNIGRE, ET TOUJOURS RIEN SUR L'AFFAIRE SÉGOLÈNE !
AAAAAH ! VOILÀ UN JOURNAL OBJECTIF ! RESPECTUEUX DE LA FONCTION PRÉSIDENTIELLE...
PARIS MATCH SARKOZY Un an à l'Elysée
LA CLASSE DE SARKO LE CHOC DES PHOTOS !
ENCORE UN TORCHON D'OPPOSITION INFÉODÉ À CES GAUCHISTES DE L'AFP !
PARISIEN SARKOZY DÉJÀ FINI ?
ANTI SARKO PARTOUT, JUSTICE NULLE PART !
ÇA VA CHAUFFER DANS LES RÉDACTIONS LÀ !

AAAAAAH! "PARIS-MATCH"! MON BEAU BUREAU, MA BELLE CRAVATE, MA FEMME ET SES BEAUX NICHONS...
ÇA, C'EST D'LA PRESSE D'INVESTIGATION!
Nicolas & Carla UN SAMEDI ENSOLEILLÉ À L'ÉLYSÉE
ON S'EN LASSE PAS.
ENCORE UN DE CES BRÛLOTS ANARCHISTES! NICOLAS VA SÉVIR! NICOLAS VA VOUS FAIRE COULER L'ENCRE PAR LE CUL, BÂTARDS!
JOURNAL
DU
SARKOZY BAISSE DANS LES SONDAGES
DIMANCH
AAAAAAAARH! "PARIS MATCH"! VOILÀ UN BEAU REPORTAGE À FAIRE ÉTUDIER DANS LES ÉCOLES DE JOURNALISME, SI ELLES N'ÉTAIENT PAS POLLUÉES PAR L'ESPRIT DE 68
MMMH C'EST BON!
OH. OUI...
ON VOIT PAS BIEN MA MONTRE, MAIS QUEL GRAND REPORTER NE COMMET PAS DES ERREURS...
MÊME "LE FIGARO" S'Y MET? CE TROTSKISTE DE DASSAULT VA M'ENTENDRE!
GUAINO, ALLEZ DONC ACHETER UN AUTRE "PARIS MATCH" POUR LE PRÉSIDENT!
MATCH
ENCORE? C'EST DÉJÀ LE 12e CE MATIN... J'EN PRENDS DEUX AU CAS OÙ IL N'AURAIT PAS ENCORE LU "MARIANNE"...
LUZ

*AUTHENTIQUE ("Le Parisien", 15/05/08)

PRÉPARONS UNE "NUIT DES LONGS COPÉ" À COUPS DE HACHE, SUBLIME COMME UN FAIT DIVERS AUTRICHIEN...
ET PAN! DANS SON CRÂNE DE POULPE!
GUÉANT, TROUVEZ-MOI UNE BELLE HACHE PLAQUÉE OR SERTIE DE DIAMANTS 18 CARATS...
... UNE HACHE CARTIER ASSORTIE À MA ROLEX!
ET DE NOUVELLES RAY-BAN POUR SOULIGNER MON REGARD DE KILLER!
ET DES BERLUTI NOIRES POUR LEUR ÉCRASER LA GUEULE!
ET UN COSTARD DOLCE & GABBANA SI JE TACHE DU
OÙ SONT LES CAMÉRAS, PUTAIN!
CARLA, VENEZ LUI CHANTER UN COUPLET, IL FAIT UNE RECHUTE DE BLING-BLING!
LUZ

SARKOLLYWOOD
MONSIEUR SPIELBERG, C'EST UN HONNEUR POUR MOI DE VOUS RECEVOIR, VOS FILMS ONT TELLEMENT RYTHMÉ MA VIE!
DEPUIS "E.T." ET SES VALEURS DE PERSÉVÉRANCE ...
MAI SON
ÉLYSÉE
"JURASSIC PARK", ET LE MYSTÈRE DE LA SÉLECTION NATURELLE...

HAN! HAN!
NY
"ARRÊTE-MOI SI TU PEUX" GRAND FILM MALGRÉ SON DÉNOUEMENT TRAGIQUE...
"LES DENTS DE LA MER", QUAND LA RÉALITÉ LE DISPUTE À L'HORREUR
... SAVOUREUX.
MARTINON NON NON
COPÉ, AU PIED!
..."INDIANA JONES ET LE ROYAUME DU CRÂNE DE CRISTAL", HÉROÏQUE!
COUAC COUAC!
PARAÎT QUE VOUS ALLEZ ADAPTER TINTIN! VOUS AVEZ PAS UN RÔLE POUR MOÂA?
EN ROUTE VERS 2012, MILOU!
WHAT'S THE FUCK!..
LUZ

J'AURAIS VOULU ÊTRE UN POUTINE
C'EST UN HONNEUR DE VOUS RECEVOIR, M. POUTINE !
SURTOUT FAIRE COMME LUI : RENTRER SON VENTRE ET BOMBER SON TORSE VIRIL...
RELEVER LA TÊTE POUR SE DONNER L'ALLURE DU VIGILE D'HYPERMARCHÉ QUI PEUT SURVEILLER À LA FOIS LE RAYON LINGERIE ET CELUI DES TONDEUSES À GAZON...
MES HOMMAGES, M. POUTINE...

RESTER IMPASSIBLE, NE JAMAIS PARLER EN DESSERRANT LES DENTS, SENTIR SON CORPS DEVENIR GRANIT, UN SCINTILLANT ET INVULNÉRABLE GRANIT ROSE...
GNENCHANTÉ GN'SIEUR POUTCHINE...
POSER SUR SON INTERLOCUTEUR LE REGARD DU SNIPER CONCENTRÉ SUR SON VISEUR AVEC POUR CIBLE LA FRAGILE ROTULE DE L'IMPRUDENTE MÉMÉ VENUE FAIRE SON MARCHÉ À SARAJEVO...
GN'JOUR GN'SIEUR GN'TINE
CE TUEUR SI PROFESSIONNEL, QU'IL NE CLIGNE JAMAIS DES YEUX PENDANT LE SERVICE...
GNiiiiii GN'POUTINE!
GNE SUIS UN KILLEEEER!
VOUS AVEZ BIENTÔT FINI, M. LE PRÉSIDENT? LE MUSÉE GRÉVIN VA BIENTÔT ROUVRIR...
LUZ

LA ROLEX EN NOUILLES
BONNE FÊTE PRÉSIDENT PÔPA !
C'EST GENTIL D'Y AVOIR PENSÉ, LES ENFANTS !
HOOO... UN STYLO MONT-BLANC EN PAPIER MÂCHÉ...
Pour continuer les réformes
Au mieux de ta forme
MERCI PIERRE !
Pour Pôpa je m'enflamme À dire bonne fête en slam
HOO
HOO
HOO, DES RAY-BAN EN MACRAMÉ...
C'EST POUR PAS AVOIR LES NYEUX QUI PIQUENT SUR LE YACHT DE TONTON BOLLO !
MERCI LOUIS.
HOO
HOO

HOO, UNE ROLEX EN NOUILLES...
MERCI JEAN.
MADE IN ITALY...
LUIGI BERLUSCONI A OFFERT LA MÊME À SON PÔPA !
HOO
HOO
AH, MAIS C'EST LE PETIT AURÉLIEN QUI N'A PAS OUBLIÉ SON PRÉSIDENT BEAU-PÔPA...
DÉLIRE ! UN COPÉ EN MOUSSE !
J'PEUX PARTIR MAINTINANT ?
TIENS ! TIENS ! TIENS !
IL VEUT ÊTRE MINISTRE DANS UN GOUVERNEMENT D'OUVERTU-RE OU QUOI ?
FAYOT
C'EST MÊME PAS LUI QUI L'A FAIT...
MAMAN J'AI PEUR !
LUZ

LA COPÉISATION DES ESPRITS
PÔPA, JE VAIS ME FIANCER LE 14 JUILLET AVEC L'HÉRITIÈRE DES MAGASINS DARTY !
C'EST BIEN, JEAN, COMME ÇA ON SAIT DÉJÀ OÙ TU VAS PUBLIER TA LISTE DE MARIAGE...
AAAAAAAH
JEAN ! C'EST QUOI CETTE ATROCE COUPE DE CHEVEUX ?
C'EST LA NOUVELLE MODE CHEZ LES JEUNES UMP !

ÇA S'APPELLE LA COPÉ-TIF!
COPÉ EST TELLEMENT POPULAIRE QUE TOUT LE MONDE SE FAIT POUSSER LE CRÂNE! MÊME LES FILLES ABANDONNENT LE SERRE-TÊTE POUR LA COPÉ-TIF!
CLASSE, NON?
T'AS UN MOIS POUR TE REFAIRE POUSSER LES CHEVEUX!
SINON JE RÉVÈLE À TON LAVE-VAISSELLE QUE TU N'ES PLUS VIERGE, ET ADIEU LES FIANÇAILLES!
COMPRENDO, MEC?
BEUAAAAA
ET SI T'ES PAS CONTENT VA TE FAIRE RECOUDRE L'HYMEN CHEZ RACHIDA!
ABANDONNER LE SERRE-TÊTE, ET QUOI ENCORE?
VOILÀ OÙ NOUS A MENÉS LE LAXISME DE MAI 68!
ESPÈCE DE BEATNIK!
LUZ.

QUAND LA MUSIQUE EST CONNE
DÉSOLÉ, MONSIEUR, VOUS NE POUVEZ ENTRER ...
... LA FAMILLE PRÉSIDENTIELLE CÉLÈBRE EN PRIVÉ LA FÊTE DE LA MUSIQUE !
VOUS ÊTES NOUVEAU DANS LA BARAQUE, VOUS...
JE SUIS PIERRE CHARON, AMI INTIME DE NICO ET CARLITA ET CONSEILLER SECRET EN PEOPLE DE LA PRÉSIDENCE..
JOHNNY-SARKO, DOC GYNÉCO-SARKO, CARLA-SARKO, TOUTE LA SARKO-JET-SET, C'EST MOI...
ÊTES-VOUS SÛR DE NE JAMAIS AVOIR TÉLÉCHARGÉ ILLÉGA-LEMENT UN AMI DU PRÉSIDENT, ESPÈCE DE DÉPRAVÉ HIPPIE ?
ALLEZ, LES ENFANTS, ON LA REFAIT POUR POPA !
TROIS, QUATRE...
TIP TIP

SALUT PIERRE, CARLITA RÉPÈTE UNE CHANSON DE BIENVENUE POUR LES CHEFS D'ÉTAT INVITÉS AU 14 JUILLET...
TAM TAM TAM TCHIK TCHI
Y A QUELQU'UN QUI M'A DIT QUE TU M'ACHETAIS DES CENTRALES NUCLÉAIRES ENCORE...
J'AI FAIT AVANCER LA SORTIE DE L'ALBUM DE CARLITA AU 11 JUILLET POUR QUE LE 14, À LA GARDEN-PARTY DE L'ÉLYSÉE, VOUS AYEZ UN AUTRE SUJET DE DIS-CUSSION QUE LA PRÉSENCE DE BACHAR AL-ASSAD AU DÉFILÉ...
VOUS ÊTES UN AS, PIERRE.
YO YO
SARKOYO
PAR CONTRE, VOTRE FILS PIERRE A PRODUIT LE NOUVEL ALBUM DE DOC GYNÉCO, QUI SORT EN OCTOBRE PROCHAIN...
...AVEC UNE CHANSON INTITULÉE "À LA GLOIRE DE NOTRE PRÉSIDENT QUAND LES BANLIEUES S'ÉTEIGNENT"!..
FAITES REPOUSSER LA SORTIE EN OCTOBRE 2017, APRÈS MA DEUXIÈME RÉÉLECTION, JE VOUS PRIE...
SARKOYOYO!
LUZ

SARKOBABY
JEAN ! C'EST QUOI, CETTE INTERVIEW AU "PARISIEN" ?
TU Y DIS : "SARKOZYSTE ? JE NE SAIS PAS CE QUE ÇA VEUT DIRE" !*
*27 JUIN 2008
C'EST QUOI, CES SOUS ENTENDUS ?
ET ARRÊTE DE TE LAQUER LE POIL AVEC C'TE PUANTEUR !
C'EST QUE JE...
JE... JE SAIS QUE JE NE SUIS PAS UN SARKOZY !
TU M'AS ADOPTÉ !
OUIIIN

TOUT NOUS SÉPARE !
J'AIME LES MONTRES CARTIER, TU PRÉFÈRES LES ROLEX !
DIOR
TU PORTES DES RAY-BAN, JE PORTE DES PRADA !
D&G
TOI CAVIAR, MOI FOIE GRAS !
TOI MOCASSINS À BOUCLE, MOI PLUTÔT À GLANDS !
JE NE SUIS QU'UNE PIÈCE RAPPORTÉE ENGENDRÉE PROBABLEMENT PAR UNE MÈRE ALCOOLIQUE ET UN PÈRE MODEM ET DÉPOSÉE DANS UN PANIER DEVANT LE DIGICODE D'UN PORTAIL DE NEUILLY...
ATTENDS, ATTENDS...
ÉVIDEMMENT, MON JEANNOT, QUE TU ES LA CHAIR SARKOZYSTE DE MA CHAIR...
QUE NE SUIS-JE CUL-DE-JATTE POUR POUVOIR M'ÉLEVER À TA HAUTEUR, MON PÔPA ?..
SÈCHE TES LARMES, MON PETIT, TU METS DU GRAS DE CHEVEUX SUR MA CRAVATE HUGO BOSS !
OUIIIIN ! MOI AUSSI, VOUS M'AVEZ ADOPTÉE !
ALORS JE PEUX PRENDRE LA CARTE BLEUE DE L'ÉLYSÉE POUR ACHETER DE LA GOMINA AU HOMARD, MON PÔPA ?
RAMA YADE ? MAIS VOUS N'ÊTES PAS MA...
LUZ

LA BÊTE À CINQ DOIGTS
C'EST UN HONNEUR POUR MA GUEUL... POUR LA FRANCE DE VOUS RECEVOIR À PARIS, MON CHER AL-ASSAD!
VEUILLEZ M'EXCUSER MAIS UNE AFFAIRE URGENTE M'ATTEND...
JE VOUS REJOINS AU DÉFILÉ!
YESSSS!
CETTE MAIN A SERRÉ CELLE D'UN DES PLUS PUISSANTS DICTATEURS DU MONDE!
ONE MORE TIME, MEC!
BUSH, POUTINE, HU-JINTAO, KADHAFI... CETTE MAIN VAUT DE L'OR SUR L'ÉCHELLE DES ORDURES MONDIALES!
LA MAIN DE LA ROLEX, CELLE DU COEUR!
ZIIIP

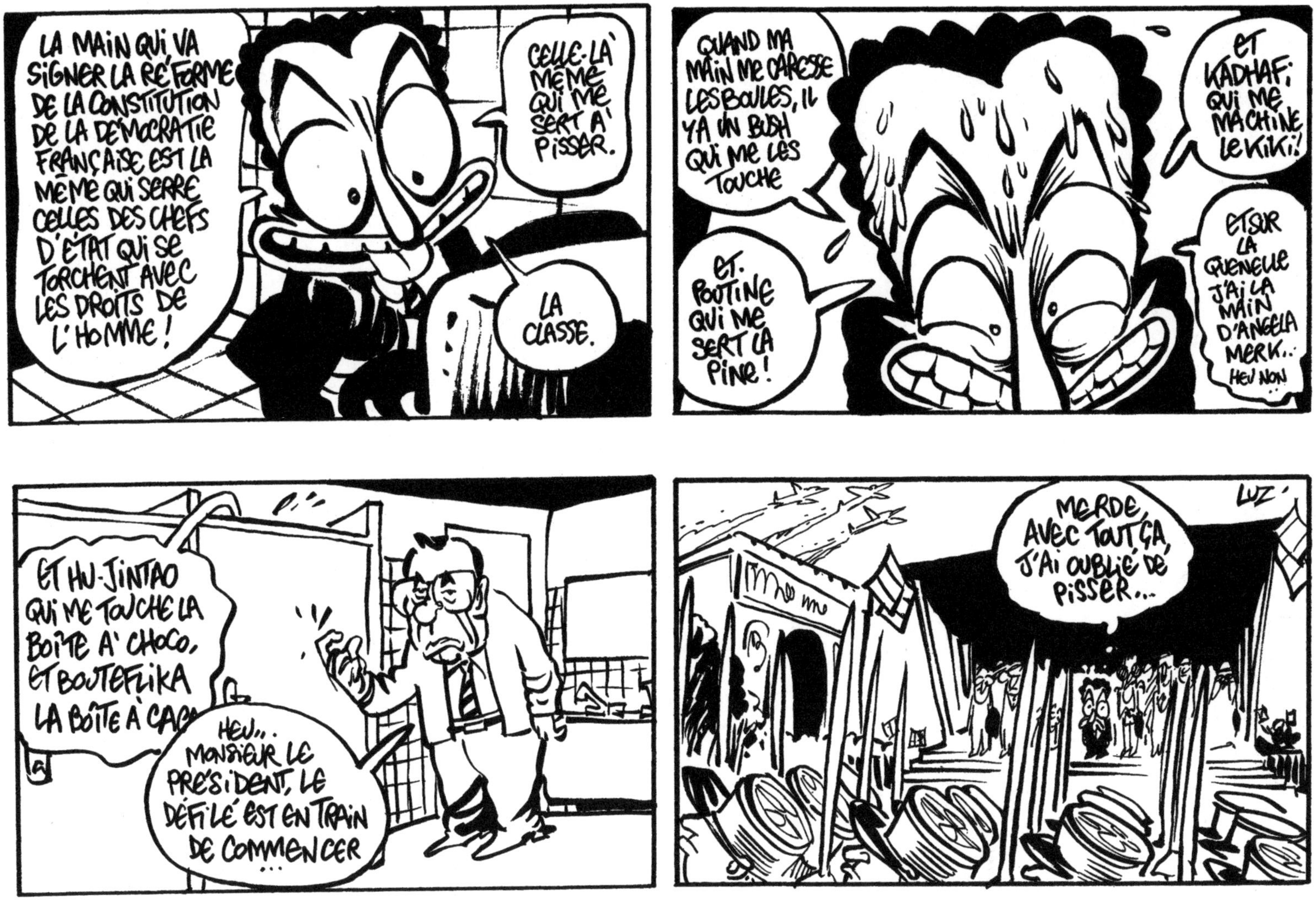
LA MAIN QUI VA SIGNER LA RÉFORME DE LA CONSTITUTION DE LA DÉMOCRATIE FRANÇAISE EST LA MÊME QUI SERRE CELLES DES CHEFS D'ÉTAT QUI SE TORCHENT AVEC LES DROITS DE L'HOMME !
CELLE-LÀ MÊME QUI ME SERT À PISSER.
LA CLASSE.
QUAND MA MAIN ME CARESSE LES BOULES, IL Y A UN BUSH QUI ME LES TOUCHE
ET KADHAFI QUI ME MACHINE LE KIKI !
ET POUTINE QUI ME SERT LA PINE !
ET SUR LA QUENELLE J'AI LA MAIN D'ANGELA MERK... HEU NON ..
ET HU-JINTAO QUI ME TOUCHE LA BOITE À CHOCO, ET BOUTEFLIKA LA BOÎTE À CA
HEU... MONSIEUR LE PRÉSIDENT, LE DÉFILÉ EST EN TRAIN DE COMMENCER ...
LUZ
MERDE, AVEC TOUT ÇA, J'AI OUBLIÉ DE PISSER...

* VOIR http://www.dailymotion.com/video/x64iq2_bachar-fan-de-carla_news

PUTAIN, LE PRÉSIDENT DE LA SYRIE VA ÉCOUTER TON ALBUM SUR SON I-POD ! SI C'EST PAS LA CLASSE, ÇA...
mon grand amour est mort ♪
LALALA LALA ♪
ET SACHANT QUE TES DROITS D'AUTEUR VONT À LA "FONDATION DE FRANCE", ÇA VEUT DIRE QUE L'ARGENT DU TERRORISME SYRIEN VA SERVIR À AIDER LE TROISIÈME FRANÇAIS À FAIRE CACA DANS LE POT !
SI C'EST PAS UN ACTE POLITIQUE MAJEUR, ÇA ! BRAVO CARLA !
TOUT LE MONDE L'ADORE, TON ALBUM, MA PIZZETTA GLAMOUR !
XAVIER BERTRAND LE TROUVE EXCELLENT...
KOUCHNER LE TROUVE SUPER...
MORANO LE TROUVE TROP BEAU...
DARCOS LE TROUVE MAGICOS...
ET MUSICALEMENT ILS LE TROUVENT COMMENT ?
AH, PARCE QUE TU VEUX EN PLUS QU'ILS L'ÉCOUTENT ?
NO PROBLEMO, CARLITA.
PASSE-MOI MON PORTABLE !
CLAP
LUZ

LANG-LA-LÈCHE
AH, JACK, BRAVO POUR VOTRE COURAGE LORS DU VOTE DU CONGRÈS...
JE NE L'AI PAS FAIT PAR COURAGE, MAIS POUR LA FRAÂNCE !
LA FRAÂNCE DE VOLTAIRE ET DE MONTESQUIEU, DES ESPRITS LIBRES, TOUT COMME MOÂ !
TOUT SÉDUISANT QUE VOUS SOYEZ, JE NE L'AI POINT NON PLUS FAIT POUR VOUS PLAÂIRE !
AH, HEU... OUI...
LOIN DE MOÂ, DE SOLLICITER VOS FAVEURS CAR SOCIALISTE JE SUIS, SOCIAÂLISTE JE RESTE ! MAIS POUR LA GRANDEUR DE L'ÉTAÂT, MON DÉVOUEMENT EST SANS BORNES, MON CHER NICOLAÂS !
ENTENDU, JACK... JE VOUS LAISSE, J'AI... MON CONSEIL DES MINISTRES...
EN CAS DE BESOIN, LA RÉPUBLIQUE A MON PORTAÂBLE, N'EST-CE PAÂS ?
HEU... OUI, JACK.. AU R'VOIR JACK...
PARDON !
PARDON
LAISSE MOI PASS

NICOLAÂS, J'OUBLIAIS DE VOUS DIRE...
SACHEZ QUE LA FRAÂNCE QUE NOUS CHÉRISSONS A BESOIN D'HOMMES LIBRES ET DÉSINTÉRESSÉS...
SEMEZ-MOI CE TYPE ET JE VOUS AUGMENTE DE 240% !
SANS RENIER MA FAMILLE POLITIQUE, MON ABNÉGATION ME COMMANDE D'ÊTRE À LA DISPOSITION DE LA FRAÂNCE POUR RELEVER LES ENJEUX DE L'AVENIR !
N'EST-CE PAÂS..
HEIN, QUOI ?
NY POLICE
QU'EST-CE QUE...
LA FRAÂNCHE DOIT CH'ENTOURER DE PERCHONNALITÉS PRÊTES À ENDOCHER, DANS LE RENON-CH'MENT LES PLUS HAUTES RECH'PONCHABILITÉS DE L'ÉTAÂT.
1
NICOLAÂS, VOTRE SWING EST CHUPERBE !
CALL JACK : 06 53 69
ET MITTERRAND, IL S'EN EST DÉBARRASSÉ COMMENT ?
À SA MORT.
BON, IL EST POUR QUAND, LE PROCHAIN REMANIEMENT ?
LUZ

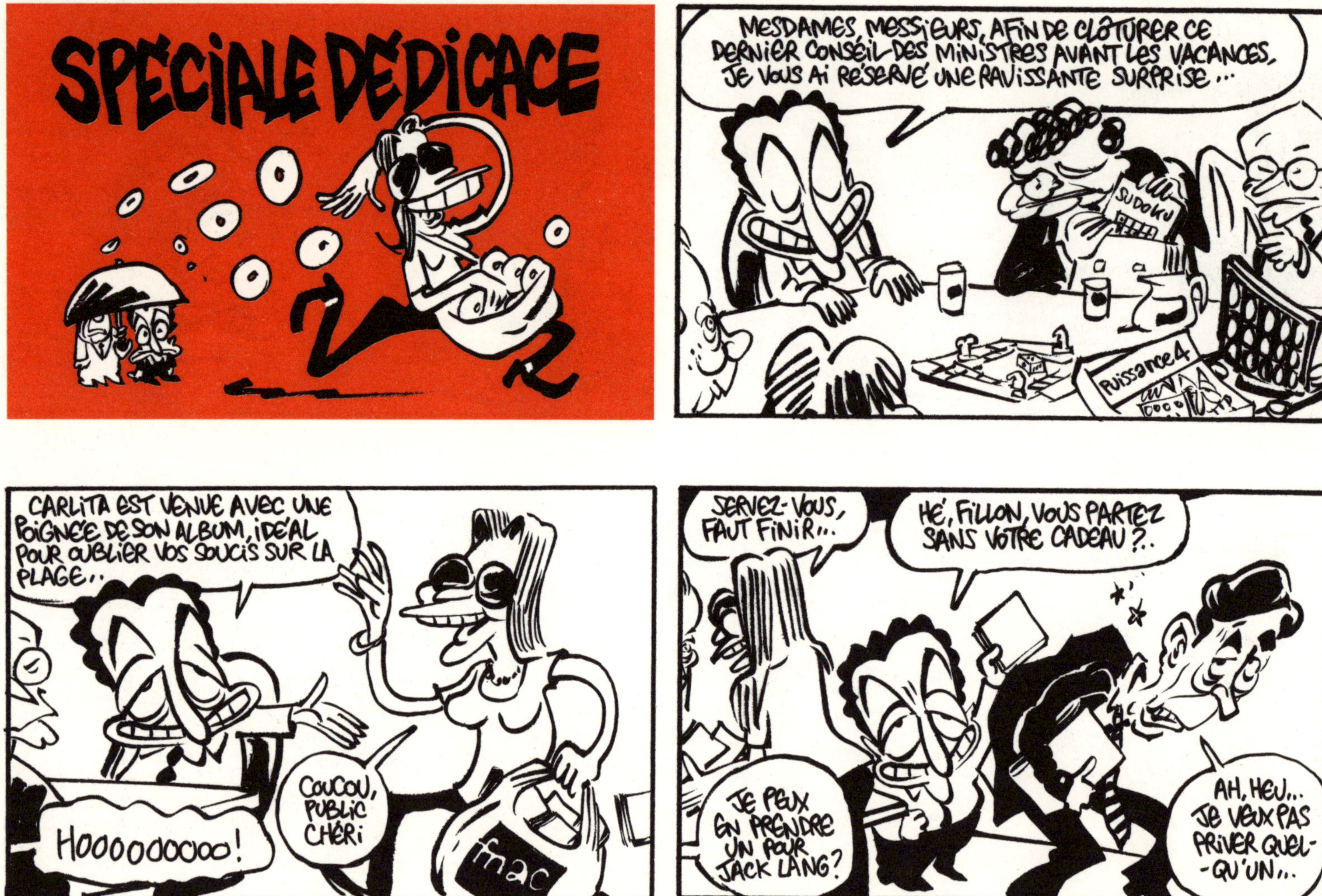
SPÉCIALE DÉDICACE
MESDAMES, MESSIEURS, AFIN DE CLÔTURER CE DERNIER CONSEIL DES MINISTRES AVANT LES VACANCES, JE VOUS AI RÉSERVÉ UNE RAVISSANTE SURPRISE...
SUDOKU
Puissance 4
CARLITA EST VENUE AVEC UNE POIGNÉE DE SON ALBUM, IDÉAL POUR OUBLIER VOS SOUCIS SUR LA PLAGE..
COUCOU, PUBLIC CHÉRI
HOOOOOOOOO!
fnac
SERVEZ-VOUS, FAUT FINIR...
HÉ, FILLON, VOUS PARTEZ SANS VOTRE CADEAU ?..
JE PEUX EN PRENDRE UN POUR JACK LANG ?
AH, HEU... JE VEUX PAS PRIVER QUEL-QU'UN...

CHRISTINE A LU TOUS VOS DISQUES.
J'PEUX PAS RESTER POUR LA DÉDICACE, J'AI RENDEZ-VOUS CHEZ MON KINÉ...
CHRISTINE? VOUS ÊTES AVEC CHRISTINE ALBANEL? ÇA ALORS...
ALLONS, FRANÇOIS, UN PETIT MOT DE CARLA ADOUCIRA VOTRE SCIATIQUE.
FRANÇOIS, COMME C'EST GENTIL D'ÊTRE VENU! J'EN DÉDICACE UN POUR CHACUN DE VOS CINQ ENFANTS...
ARG. JUSTE POUR MOI, SUIS PRESSÉ!
ALLONS, VOUS QUI ÊTES SI FAMILLE! CARLA, N'ÉCOUTE PAS CE GRAND TIMIDE!
TOUT D'ABORD, UNE PETITE POÉSIE POUR VOUS... LAISSEZ-MOI RÉFLÉCHIR... "Pour François / Des ministres tu es le roi"!! HEU... ATTENDEZ...
HEU... METTEZ JUSTE "Pour Fifi, bisou," ÇA IRA...
J'VOUS LAISSE, HIN HIN...
"Pour Fillon Le roi des... Heu...
GUÉANT, ANNULEZ LE KINÉ DE FILLON... ET SI CARLA CHERCHE UNE RIME EN "ION", SUGGÉREZ-LUI "COUILLON"...
PITIÉ!
OUI CHEF!
LUZ

MÊME EN VACANCES
SARKOLITO, FAIS UN BREAK PENDANT TES VACANCES : ARRÊTE DE FAIRE TON PRÉSIDENT !
BONJOUR, PRÉSIDENT HU JINTAO !
IL ME STRESSE, C'EST PAS CROYABLE ! JE VAIS ME DÉTENDRE EN ALLANT ÉCOUTER MON NOUVEL ALBUM...
QUEL PLAISIR, PRÉSIDENT MEDVEDEV !
C'EST UN HONNEUR DE VOUS RECEVOIR, PRÉSIDENT OBAMA !
J'AI TOUJOURS CRU EN VOUS !

C'EST UN HONNEUR DE VOUS RECEVOIR, PRÉSIDENT MC CAIN!
J'AI TOUJOURS CRU EN VOTRE SUCCÈS!
TCHIP TCHIP TCHIP
TCHIP TCHIP TCHIP
JE NE VOUS FAIS PAS LA BISE, PRÉSIDENT KADHAFI, J'AI DE L'HERPÈS...
TCHIP TCHIP TCHIP
TOUTES MES CONDOLÉANCES POUR VOTRE MAMAN, PRINCE CHARLES!
TCHIP TCHIP
TCHIP TCHIP TCHIP TCHIP

TV ADDICT
DITES-MOI GUÉANT, VOUS CROYEZ PAS QUE JE DEVRAIS FAIRE UNE INTERVENTION TÉLÉ À LA RENTRÉE SUR LA GÉORGIE?
YA KÉKIN QUI MADI KE...
BULL BULL
COMMENT ÇA, TOUT LE MONDE S'EN FOUT DE LA GÉORGIE? MOI AUSSI ... C'EST PAS UNE RAISON.
KETU ...HEU ...
RED BULL
BON ALORS PEUT-ÊTRE SUR UN SUJET PLUS POPULAIRE... LES MÉDAILLES FRANÇAISES AUX J.O. PAR EXEMPLE...
...OU LES DÉFAITES DE MANAUDOU, C'EST TRÈS TF1, ÇA, LA PLEURNICHEUSE QUI PUE LE CHLORE...
PÉPÉ ENCORE?
TROP TARD? ...
RED BULL

ET Y A PAS DE GRÈVE GÉNÉRALE À LA RENTRÉE? LA FRANCE PRISE EN OTAGE, C'EST MÉGA TF1, NON?
PÉTAIS ENCORE?
NAN
OUI, SUR TF1, GUÉANT, PAS SUR FRANCE 3 LANGUEDOC, IMBÉCILE!
POURQUOI TF1? EH BIEN... HEU...
RED BULL
EXCUSE-MOI, CARLITA, JE REVIENS...
LE BOULOT, TOUT ÇA...
TÉTAIS ENCORE?
RED BULL
TROUVEZ-MOI N'IMPORTE QUOI, GUÉANT! J'EXIGE D'ÊTRE INTERVIEWÉ PAR CETTE GROSSE COCHONNE DE LAURENCE FERRARI À LA RENTRÉE!...
BIDET ENCORE?
LA RENTRÉE SERA CHAUDE, CARLITA...
TRÈS TRÈS CHAUDE.
PINAIS ENCORE?
MMH...
RED BULL
LUZ

ALLÈGRE, LE COLLE-AU-CUL
NICOLAAAAAS!
ACCÉLÉREZ LA FOULÉE, LES GARS, V'LÀ CLAUDE ALLÈGRE...
ALORS, MON AMI PRÉSIDENT, AVEZ-VOUS AVANCÉ SUR L'IDÉE D'UNE MISSION POUR VOTRE AMI CLAUDE?
HEU... OUI OUI, J'ALLAIS JUSTEMENT VOUS ENVOYER UN SMS...
L'OBJECTIF DE VOTRE MISSION SERA DE... HEU... FAIRE EN SORTE QUE... COMMENT DIRE...
...L'ÉCONOMIE
faites des ÉCONOMIES!!
-50%
Sur les canapés en peaux de cochon
Grovik Center

faites des CONNAISSANCES coquines
sur www.cul89.com
...QUE L'ÉCONOMIE DE HEU... LA CONNAISSANCE...
MMH... TRÈS INTÉRESSANT...
... DEVIENNE UN... MOTEUR
OUI, C'EST ÇA, UN MOTEUR DE ...
DE ?
Augmentez le DÉVELOPPEMENT de votre pénis
BITOS
nº1 du VIAGRA en EUROPE
...DÉVELOPPEMENT DE... VOTRE PENI... NON...
DE MON QUOI ?
...DE DÉVELOPPEMENT DE L'EUROPE ! VOICI VOTRE MISSION, CLAUDE !
APRÈS MÛRE RÉFLEXION, J'ACCEPTE CETTE MISSION, MON AMI PRÉSIDENT !
NICOLAAAAS !
KHARF ! KHARF !
CHEF, Y A JACK LANG QUI REVIENT ! ON VOUS PORTE JUSQU'À LA VOITURE ?
LUZ

CLAVIER LE DISCIPLE
PUTAIN, JE NE SAIS PAS QUELLE ROLEX METTRE À DEUX JOURS DE LA VENUE DE BENOÎT XVI !!!
VIENS TE COUCHER, MON SARKOLITO, LA NUIT PORTE CONSEIL...
CALMONS-NOUS, CE N'EST QU'UN PAPE, ALORS QUE MOI JE SUIS L'HYPERPRÉSIDENT DES HYP...
ZZZ
SEIGNEUR, AIDEZ-MOI ! DES NATIONALISTES CORSES FONT PIPI DANS MON BÉNITIER...
ME VOICI, PÈRE CHRISTIAN ! ON NE BAFOUE PAS IMPUNÉMENT LES COMMANDEMENTS DE L'HYPERPRÉSIDENT ET SES APÔTRES...
JE VOIS TOUT
JE PEUX TOUT
JE SUIS TOUT
OKAAAAAAY !

QUE LE JUDAS AILLE FAIRE LA CIRCULATION EN ENFER !
NOOOON !
ET QU'UNE PLUIE DE ROLEX DE CONTREMARQUE S'ABATTE SUR CETTE ÎLE IMPIE !
COMMENT VOUS REMERCIER, HYPERPRÉSIDENT ?
RACONTE-MOI ENCORE CELLE DU SOCIALO QUI MANGE SON CACA POUR ENTRER DANS UN CONCILE D'OUVERTURE...
ET PRÊTE-MOI UN MAILLOT, QUE JE PIQUE UNE TÊTE DANS TA PISCINE, PÈRE CHRISTIAN
ALORS C'EST L'HISTOIRE DE PÈRE JACK QUI...
DRING !
DRING !
MERDE, J'AI UN APPEL DE BENOÎT XVI
DRING !
DRING !
DRING !
DRING !
ET MERDE ! JE ME RÉVEILLE TOUJOURS AVANT QUE ÇA DEVIENNE COOL...
LUZ
DRING
DRING
DRING
DRING
LA PROCHAINE FOIS JE T'OFFRE UNE MONTRE SANS L'OPTION RÉVEIL...

TONTON XVI
VOTRE SAINTETÉ, JE CROIS QUE MON ADORABLE BEAU-FILS A UN CADEAU POUR VOUS...
SCHÖN !
VEUX PAS YA PLEIN DE PAPARASSIS
QU'IMPORTENT LES PAPARAZZI, AURÉLIEN, ON SE DÉCOUVRE DEVANT TONTON XVI...
... QUI EST UN AMI DE TONTON DIEU, QUI PEUT TE DONNER UN COUP DE MAIN POUR TES ÉTUDES...
VIEL DANK, MON BEDIT ENVANT !
SMACK
SA MAMAN EST UNE CHANTEUSE TRÈS PIEUSE : SA CHANSON "MA CAME" EST UN HOMMAGE À L'OPIUM DU PEUPLE...
ACH !
ET LOOKEZ-MOI LE LIVRET DE CE DIGIPACK, N'EST-IL PAS EXCELLENT ?...
JA, EGZELLENT !

HÉ, LA PRESSE, VOUS AVEZ NOTÉ QU'IL TROUVE L'ALBUM DE CARLA EXCELLENT, HEIN?
BON, NOUS AVONS À CAUSER SPIRITUALITÉ AVEC MON COPAIN BENOÎT, OUSTE!
GUT
DEHORS, LES JOURNALEUX!
DITES-MOI, BENOÎT, VOUS QUI ÊTES DANS LES PETITS PAPIERS DE DIEU... IL VOIT TOUT, N'EST-CE PAS? ...
JA!
IL SAIT TOUT, IL ENREGISTRE TOUT...
JA!
C'EST UN PEU LE FICHIER EDVIGE EN PLUS HIGH TECH, NON?
JA!
DEMANDEZ-LUI UN TRUC POUR MOI...
... J'AIMERAIS BIEN SAVOIR SI...
...SI CÉCILIA M'AIME ENCORE!
LUZ

PHOTO SOUVENIR
DARTY
MAIRIE
DÉSOLÉ MAIS C'EST UNE CÉRÉMONIE PRIVÉE!
LAISSEZ-NOUS FAIRE NOTRE BOULOT!
CALMEZ-VOUS, C'EST LE FILS SARKO, PAS LE FILS D'ELTON JOHN...
VOUS TROUVEZ PAS QUE DEPUIS QUE CHRISTINE ANGOT SORT AVEC DOC GYNÉCO, ELLE SENT L'HERBE DE PROVENCE QUAND ON LUI FAIT LA BISE?
QUELQU'UN SAIT QUI EST LE PÈRE DE L'ENFANT DE RACHIDA?
J'AI REGARDÉ SUR LE FICHIER EDVIGE, J'AI RIEN VU...
AU FAIT, ILS SONT TOUJOURS AUX WC, LES GYNÉCO?
ALLEZ, CHRISTINE, LAISSE-TOI ALLER: TOUT LE MONDE FAIT ÇA ICI À NEUILLY...
ARRÊTE, MON DOCOUNET, J'AI DIT DANS MON DERNIER LIVRE QUE JE VOULAIS PAS QUE TU LE FASSES DANS LES FESSES!

ALLEZ, CHRISTINE, C'EST JUSTE POUR QUE TU AIES QUELQUE CHOSE DE NOUVEAU À RACONTER DANS TON PROCHAIN LIVRE...
BON, D'ACCORD, MAIS FAIS COURT, JE NE VEUX PAS Y CONSACRER PLUS DE TROIS CHAPITRES...
SI JE SORS CE NOUVEAU LIVRE AVANT LE GONCOURT, ÇA MULTIPLIE PAR DEUX MES CHANCES D'AVOIR LE PRIX
OÙ EST MA CASQUETTE? AH, LÀ...
J'AI DÛ TROP FUMER, J'AI SUPER MAL AU CRÂNE
MOI, C'EST PAS AU CRÂNE QUE J'AI MAL MAIS C'EST AUSSI PARCE QUE TU AS TROP FUMÉ...
JEAN SARKOZY, VOULEZ-VOUS PRENDRE POUR ÉPOUSE...
CLIC CLIC CLIC
DES PHOTOS DE MON MARIAGE? MAIS COMMENT EST-CE POSSIBLE? Y A UNE TAUPE PARMI NOUS!
HEIN? TU M'CAUSES?
VOICI
JEAN SARKOZY SE MARIE!
CHRISTINE ANGOT
SODOMIE À NEUILLY
LUZ

PAPARAZZI ACADEMY
CHERS ENFANTS, LES DÉBOIRES DE JEAN, SUITE À LA PUBLICATION DES PHOTOS DE SON MARIAGE, M'INCITENT À VOUS DONNER...
... UN COURS PRIVÉ DE PEOPLE-ISATION...
VOUS ÊTES EN ÂGE DE VOLER DE VOS PROPRES AILES...
DOC GYNEC
VOICI UN PARCOURS MINÉ DE PAPARAZZI... ATTENTION! IL S'AGIT DE SOURIRE AUX JOURNAUX AMIS ET D'EMPOCHER UN MAX DE BLÉ EN POUR-SUIVANT EN JUSTICE LES AUTRES..
PRÊTS? JEAN, À TOI L'HONNEUR!
"VOICI"? PROCÈS! "POINT DE VUE", VOYEZ MON AGENT! "GALA", TROP TARD PROCÈS: J'AI VENDU LES PHOTOS À "MATCH"!
TRÈS BIEN, JEAN.
FLASH.
PLUS DE SMILE POUR "GALA"
FLASH
FLASH
FLASH

"CLOSER"? PROCÈS! "PUBLIC"? PROCÈS!
FLASH
FLASH!..
"VSD"? PROCÈS, SAUF SI VOUS FAITES UNE BONNE CRITIQUE DE L'ALBUM DE DOC GYNÉCO QUE J'AI PRODUIT!
EXCELLENT, PIERRE! BON RÉFLEXE!
PROFÈS! PROFÈS! PROFÈS! PROFÈS!
SOIS PLUS CONCENTRÉ, LOUIS! TU VIENS D'ATTAQUER "LE FIGARO MADAME", LÀ!
FLASH!
FLASH!
BON, PAS MAL!
AURÉLIEN, À TOI!
CACA LES PAPARAZZI! CACA!
CACA! CACA!
!!!
FLASH!
RASSURE-MOI, CARLITA, IL N'EST PAS DE MOI, TON FILS, HEIN?..
NI TROP DE TOI NON PLUS, OU BIEN?..
OUI, CARLA, COMME ÇA, MEGA NATURE!
LUZ

LES TALONNETTES GONFLABLES
NICOLAS, QU'ENTENDS-JE CI ET LÀ ? TU SERAIS DEVENU UN "PRÉSIDENT DE GAUCHE", QUI FERAIT LA CHASSE AUX PATRONS "VOYOUS", VOUDRAIT TAXER LES RICHES ET VOLER AU SECOURS DES DÉMUNIS ?... TU SERAIS MÊME PRÊT À NATIONALISER DES BANQUES, DIT-ON.
TU VIRES FOU, MON FILS ?
DE... DE GAUCHE ? VOYONS, MAMAN, CE NE SONT QUE DES RACONTARS !
DES RACONTARS QUI SALISSENT NOTRE FAMILLE ! C'EST CETTE GAUCHISS' DE CARLA QUI T'A FAIT TOURNER LA CABOCHE ?
T'ES BIEN COMME TON BABA COOL DE PÈRE !
ÇA JASE SUR LE MARCHÉ DE NEUILLY, JE NE SUIS PLUS RESPECTÉE COMME AVANT...
QU'ELLE AILLE ACHETER SON FOIE GRAS SUR LE MARCHÉ DU KREMLIN !
DEHORS, LES BOLCHOS !!!
À LA QUEUE COMME TOUT LE MONDE, DADU !
AVEC UN FILS COMMUNISTE COMME LE VÔTRE, ON N'A PAS FINI D'EN FAIRE, DES QUEUES !

JE VAIS DEVOIR UNE FOIS DE PLUS TE REMETTRE SUR LE DROIT CHEMIN !
DADU, NON ! PAS LES TALONNETTES GONFLABLES !
JE NE FAIS QUE RÉPONDRE À UNE SITUATION DE CRISE INÉDITE, JE NE MÉRITE PAS ÇA...
PFUU
NE DISCUTE PAS TA MÈRE, NICOLAS, ET POMPE !
PFUU
VIENS ICI, COQUIN !
RÉPÈTE APRÈS MOI : SARKOZY, DE DROITE JE SUIS !
OUI MAMAN.. AÏEUU ! SARKOZY DE.. AÏEUU !
L'HEURE EST GRAVE ! NOUS DEVONS IMPÉRATIVEMENT RÉGULER LE MARCHÉ !
...EN COMMENÇANT PAR CELUI DE NEUILLY !
FAITES GAFFE, CHRISTINE, LA DERNIÈRE FOIS QU'IL AVAIT CETTE TÊTE-LÀ, IL M'A SORTI SES TALONNETTES GONFLABLES !
LUZ

ET J'AI CRIÉ LA CRIIISE ♫
MESSIEURS LES BANQUIERS, NOUS DEVONS TROUVER UNE IDÉE POUR QUE LES MARCHÉS FINANCIERS RETROUVENT LA CONFIANCE...
DES PROPOSITIONS ?
HEU... CARLA ?
On me dit que nos actions ne valent pas grand-chose ♫
Le CAC40 baisse en un instant comme fanent les roses ♫
On me dit que le banquier qui spécule est un salaud

Que de nos SICAV il s'en fait des manteaux
Pourtant...
Quelqu'un m'a dit que tu gardais ton CODEVI encore
VOICI UN EXTRAIT DE MON PROCHAIN ALBUM "LE KRACH À L'HEURE DU THÉ"! DONT LES FONDS SERONT REVERSÉS À LA BANQUE CENTRALE EUROPÉENNE...
ON Y TROUVERA DES DUOS PRESTIGIEUX: MOI ET ALAIN MINC, MOI ET JEAN-CLAUDE TRICHET ET UNE CHANSON ÉCRITE EN COLLABORA-TION AVEC JULIEN CLERC ET CHRISTINE LAGARDE!
UNE QUESTION, MADAME, VOUS AVEZ VENDU, EN TROIS MOIS, 80 000 DE VOTRE DERNIER DISQUE, N'EST-CE PAS?
... CE QUI REPRÉSENTE EN RATIO-TEMPS RAPPORT À VOTRE PREMIER ALBUM UNE BAISSE DE 340%. À LA BOURSE MUSICALE, NON?
HEU !!!
MERCI, CARLITA, BIEN ESSAYÉ.
VOUUUFFF
UNE AUTRE IDÉE?
LUZ

MA MARSEILLAISE
MA BATAILLE
SIFFLER LA MARSEILLAISE, C'EST SIFFLER L'ÉTAT, ET L'ÉTAT C'EST BIBI. BERNARD, ROSELYNE, IL FAUT SÉVIR... ET PROFITER DE L'OCCASION POUR FAIRE OUBLIER AUX FRANÇAIS LEUR POUVOIR D'ACHAT!
ALLEZ FAIRE ENTENDRE LA VOIX DE L'ORDRE SUR TOUTES LES TÉLÉS ET RADIOS... ALLEZ MOUILLER LE MAILLOT!
QUE CETTE HISTOIRE FASSE UN BOUCAN PLUS FORT QUE LE BRUIT DES BOURSES QUI S'ÉCROULENT! JE VEUX DE L'UNION NATIONALE PATRIOTIQUE!
NON MAIS, EST-CE QUE JE SIFFLE, MOI...
ZAPPE...

PFUU
PFUHUU
PFFUFFF
FPFFPFUF FFUPFF
MPFFUFFF FPPMMF!!
VOUS M'AVEZ APPELÉ, MONSIEUR LE PRÉSIDENT?
HEIN? QUOI?.. VOUS AVEZ UN KLEENEX?
LUZ

VIENS TE FAIRE HACKER À L'ÉLYSÉE
MONSIEUR LE PRÉSIDENT !..
AH, NICOLAS PRINCEN, MON PRÉCIEUX PERSO-WEB-MASTER, VOUS TOMBEZ A' PIC !
AIDEZ-MOI A' PASSER LE TROISIÈME NIVEAU DE HULA HOOP SUR WII-FIT... EN TOUTE DISCRÉTION BIEN SÛR...
DÉSOLÉ DE VOUS DÉRANGER MAIS UNE FOIS DE PLUS, VOTRE COMPTE A ÉTÉ PIRATÉ...
DES SOMMES PLUS CONSÉQUENTES QUE LA DERNIÈRE FOIS...
ÊTRE VICTIME D'UN SNIPER BANCAIRE, EN PLEINE CRISE BANCAIRE, MOI QUI TENTE DE SAUVER L'HUMANITÉ DE L'APOCALYPSE... C'EST UNE ATTEINTE INTOLÉRABLE AUX DROITS DE L'HOMME ET DU SARKOZY !

POT DE 5 LITRES DE CRÈME ANTI-COMÉDONS DIOR HOMME, 354 €, DÉCAPSULEUR À POINTS NOIRS JEAN-PAUL GAULTIER, 662 €...
LE SALOPARD! JE NIQUE SA FAMILLE SUR 230 GÉNÉRATIONS !!!
GEL MÉGA-ULTRA FIXANT POUR POILS DE FESSES DOLCE GABBANA, 177 €, LAQUE POUR CHEVEUX "ONDULOS" DE CHEZ CHRISTIAN DIOR, 854 €...
YOU WIN
TIENS? J'AI PASSÉ LE NIVEAU 3... COOL!
PEIGNE IVOIRE GOÛT SAUMON YVES SAINT LAURENT, 1052 €, SÈCHE-CHEVEUX 12 VITESSES TURBO-SLIM AVEC GPS ULTRA-SATELLITE BMW 16 SOUPAPES, 17 023 €...
SÈCHE-CHEVEUX? TIENS TIENS...
JEAN, RENDS-MOI MA CARTE BLEUE...
OUI POPA.
LUZ.

LA POUPÉE DE LA PEUR
NOUS AVONS PERDU LE PROCÈS CONTRE LA SOCIÉTÉ QUI COMMERCIALISE LA POUPÉE VAUDOUE À VOTRE EFFIGIE, MAIS NOUS FAISONS APPEL...
ET ON A RACHETÉ TOUTES CELLES QUI ÉTAIENT DANS LE COMMERCE !
SARKO VAUDOU
SARKO VAUDOU
ON EN FAIT QUOI MAINTENANT, ON LES DÉTRUIT?
OUAIS, DÉBARRASSEZ-MOI LE PLANCHER DE CES MONSTRUOSITÉS!
SARKO VAUDOU
SARKO VAUDOU
HOP! AU CRÉMATORIUM, LES BOUTS DE TISSU...
HEU... NOOON! GUÉANT, ATTENDEZ!
SARKO VAUDOU
SARKO VAUDOU

JE... NE SUIS PAS SUPERSTITIEUX, VOUS ME CONNAISSEZ, MAIS... HEU... IMAGINEZ QU'IL Y AIT UN PEU DE VRAI LÀ-DEDANS...
PLANQUEZ-LES PLUTÔT DANS UN ENDROIT SÉCURISÉ...
DONT MOI SEUL AURAI LES CLÉS...
SARKO VAUDOU
SARKO VAUDOU
SARKO VAUDOU
HEU...
PAS QUE ÇA TOMBE EN DE MAUVAISES MAINS.
QUE TU CACHES CES POUPÉES DANS NOTRE CHAMBRE, OK, MAIS QUE TU LES RECOMPTES TOUS LES SOIRS, ÇA FATIGUE UN PEU, LÀ...
SI AU MOINS ÇA POUVAIT TE FAIRE DORMIR...
2341... 2342... 2343...
IL EN MANQUE UNE!
ALLÔ! LA SÉCURITÉ! ON A ÉTÉ VICTIMES DE CAMBRIOLEURS PAYÉS PAR COPÉ!
CALME-TOI, SARKOLITO!
LE GROS DINOSAURE FAIT DES BISOUS À PAPOUNET... SMACK! SMACK!
LUZ.

RAMAMANIA
...THE NEXT PRESIDENT OF THE UNITED STATES OF AMERICA IS...
BON, C'EST QUI MON FUTUR POTE, SINATRA OU WILL SMITH?
RED BULL
BARACK OBAMA!
RAMA YADE! À VOUS DE JOUER: ENVOYEZ-LUI UN MESSAGE DE SYMPATHIE DE MA PART...
YES SIR
GENRE : JE KIFFE LES BLACKS, C'EST COOL... BLABLABLACK...
"TRÉS CHER OBAMA, FÉLICITATIONS POUR VOTRE VICTOIRE HISTORIQUE QUI EST UN DÉFI LANCÉ AU MONDE, MAIS AUSSI À LA FRANCE QUI A BESOIN DE FAIRE ÉMERGER DES PERSON-NALITÉS COMME LA VÔTRE AU SEIN DE SES MINORITÉS!...

« VOUS ÊTES UN EXEMPLE POUR LA CLASSE POLITIQUE FRANÇAISE, POUR L'UMP, CAR POURQUOI NE PAS ÉLIRE EN 2012 UNE PERSONNALITÉ ISSUE DE L'IMMIGRATION, UN NOIR, QUE DIS-JE : OUI, NOUS POUVONS !
MOLLO, RAMA. LAISSEZ TOMBER.
JE VAIS LE FAIRE MOI-MÊME...
ALLÔ, GUAINO ! ÉCRIVEZ-MOI UN MESSAGE DE SYMPATHIE POUR OBAMA...
GENRE : BRAVO BARACK, VIVE LE ZOUK, GROS BISOU...
ALLEZ, LES ZENFANTS, ALLEZ VOUS COUCHER ! ET TOI, RAMA, CALME TA RACE AVEC UN TEMESTA !
VOUS, HORTEFEUX, RESTEZ ICI...
RAMA, JE M'EN OCCUPE PERSO. QUANT À VOUS, ACCÉLÉREZ LE RYTHME DES EXPULSIONS ! SURTOUT DES KENYANS...
OBAMA PRESIDENT
J'AI PAS ENVIE D'UN OBAMA AU 2e TOUR DE LA PRÉSIDENTIELLE DE 2012 !
LUZ

LE PRÉSIDENT REBONDIT
BONNE NOUVELLE, M. LE PRÉSIDENT ! C'EST LA MOTION DE SÉGOLÈNE QUI EST EN TÊTE AU PS !
Coucou me voilà
YES ! CONTRE L'OBAMA DU CHABICHOU, JE SUIS SÛR D'ÊTRE RÉÉLU EN 2012 !
ENCORE UNE INFO QUI VA VOUS FAIRE SAUTER DE JOIE : VOUS ÊTES EN HAUSSE DANS LES SONDAGES !
SÉGOLÈNE : "JE SUIS PREUMS"
FORMIDAAAAAAAABLE !
VOUS GAGNEZ 8 POINTS, CE QUI FAIT 48% DE FRANÇAIS QUI VOUS FONT CONFIANCE !
VOUS N'ÊTES PLUS QU'À DEUX POINTS DE CETTE LIMACE DE FILLON !
HEIN... QUOI ? ??
ARKOZY en ausse Effet OBA MA ?
AH, LA BBC VA RÉALISER UN DOCUMENTAIRE SUR VOTRE ÉPOUSE...

JOHNNY
NEW
CERTES, LES VENTES DE DISQUES DE CARLA SONT AU PLUS BAS, MAIS VOTRE AMI JOHNNY EST N°1 DES CHARTS ! LE SARKOZYSME EST TOUJOURS AU TOP MUSIQUE !
WOUAH AUSSI, M. LE PRÉSIDENT.
WOOOUUAAAAAAH !
CETTE NOUVELLE SEMBLE TOTALEMENT VOUS GRISER.
HEU... GNiii
?!!
PAR CONTRE ON A ENQUÊTÉ SUR VOTRE POUPÉE VAUDOUE DISPARUE...
DGSE
...RIEN DU CÔTÉ DE FILLON ET DE COPÉ MAIS ASSURÉMENT ELLE EST DANS LES MAINS DE QUELQU'UN DE NOTRE CAMP !
ALLONS, LOUIS, ELLE EST SALE, TA POUPÉE ! FAUT LA LAVER !
HOUMF HOUMF
HOUBA HOUBA !
OUiiiiiN ! PAPOUNEEEET !
LUZ

* "Le Parisien" du 15 Nov 2008.

JE PENSE À CEUX QUI ONT LUTTÉ JUSQU'AU BURN OUT POUR FAIRE TRIOM--PHER LA LIBERTÉ !
À CEUX QUI ONT PORTÉ JUSQU'À LA FIN LES IDÉAUX DE MON POPA, JE DIS RESPECT !
"Mort pour la Sarkozie" Jean SARKOZY
PASCAL SEVRAN, RESPECT !
HENRI SALVADOR, RESPECT
"Pas fun la mort" J. SARKOZY
MOLLO, MON JEANNOT ! LES CÉRÉMONIES DU 11 NOVEMBRE SONT UN HOMMAGE AUX POILUS DE LA GUERRE DE 14, PAS AUX MORTS DE MON COMITÉ DE SOUTIEN ...
"Respect to the Dead" J. Sarkozy
AUX POILUS ?
... ET BIG UP POUR CARLOS !
"Les morts pour la France ça déchire"
LUZ

BLACKBERRY IS BEAUTIFUL
MATEZ-MOI CETTE PETITE MERVEILLE, GUÉANT...
JE ME SUIS OFFERT LE MÊME BLACKBERRY QUE MON POTE OBAMA
JOLI, M. LE PRÉSIDENT.
BON, MOI, J'AI DEMANDÉ À AVOIR LA VERSION CHROMÉE ULTRA GOLD AVEC LES TOUCHES EN PLATINE SHINY ASSORTIES À MA GOURMETTE EN TITANE BRILLANT!
LA CLASSE, M. LE PRÉSIDENT!
ET SI J'ENVOYAIS À MON AMI AMÉRICAIN UN MESSAGE POUR LUI ANNONCER LA BONNE NOUVELLE...
EXCELLENTE IDÉE, M. LE PRÉSIDENT.
.....MY NEW BLACKBERRY ... ULTRA GOLD ... BIG BISOU ...YOUR COPAIN LE FRENCH PRÉSIDENT, NICO..
ENVOYÉ!

AH, J'IMAGINE SA TÊTE DE SAVOIR QU'ON EST DÉSORMAIS FRÈRES DE BLACKBERRY
IL VA ÊTRE TOUCHÉ, C'EST BON POUR LES RELATIONS FRANCO-AMÉRICAINES, ÇA, COCO !
MOI AUSSI, M. LE PRÉSIDENT
IL EN MET DU TEMPS POUR RÉPONDRE... PEUT-ÊTRE EST-IL JALOUX DE NE PAS AVOIR LE CHROMÉ ULTRA-GOLD...
OU LE DÉCALAGE HORAIRE, M. LE PRÉSIDENT.
JE VAIS LUI EN ENVOYER UN AUTRE PAR SÉCURITÉ
Y'A QUÉQU'UN QUI M'A RROON
TURLUTUTUTUUUT
AH, ENFIN ! CE DOIT ÊTRE BARACK ! MON PREMIER MESSAGE DE STAR !..
QUE TU ZZZZZZ ENCORE
COOL ! IL M'ENVOIE DE LA PUB POUR DES NOUVELLES ROLEX !
... MAIS JE VOIS PAS CE QUE CELLE POUR LE VIAGRA VIENT FAIRE LÀ...
J'ESPÈRE QUE CE N'EST PAS CE SALOPARD D'YVES BERTRAND QUI LUI A SOUFFLÉ UNE INFO SUR MA VIE PRIVÉE !
LUZ

TV ADDICT 2
AU PS, LES ÉLÉPHANTS DU PARTI SE SONT RÉCONCILIÉS DANS LA...
TF1
ZAP!
...SAVANE TROPICALE QUI RÉUNIT LES CONDITIONS PROPICES AU...
ZAP! ZAP! ZAP!
...TIRAGE DES BOULES DE LA SOIRÉE QUI PEUVENT RAPPORTER...
ZAP! ZAP! ZAP! ZAP! ZAP!

… UNE BONNE ANDOUILLETTE QUI SENT BON LA…
CUISINE TV
BOM BOM
… VALÉRIE LEMERCIER QUI VA EN NOTRE COMPAGNIE NOUS DÉVOILER SON PETIT…
ZAP ZAP ZAP ZAP ZAP
LEFEBVRE! VENEZ M'AIDER! J'AI UN PROBLÈME AVEC LA TÉLÉ!
OUI, M. LE PRÉSIDENT? VOUS VOULEZ CONNAÎTRE TOUTES LES RÉPONSES DE "QUESTIONS POUR UN CHAMPION AVANT LA DIFFUSION? NO SOUCI.
NAN, PAS ÇA…
ZAP ZAP
ZAP ZAP
ZAP
AIDEZ-MOI À RÉPARER CETTE TÉLÉ!
VOUS VOYEZ BIEN QU'ELLE DÉCONNE COMPLÈTEMENT!
… ÇA FAIT BIEN DIX MINUTES QUE J'SUIS PAS D'DANS!
BOMBAY
LIVE
LUZ

ZAPKOZY
MOI
C'EST À MOI...
À MOI !
TOUT À MOIII !
MAINTENANT JE PEUX NOMMER QUI JE VEUX À LA TÊTE DE FRANCE TÉLÉVISIONS
SE FAIRE LÉCHER PAR TF1, C'EST BIEN, MAIS ÊTRE CHEF DE LA TÉLÉ, C'EST MIEUX
MAIS JE VAIS NOMMER QUI MAINTENANT...
AH, FAUT TOUT FAIRE SOI-MÊME DANS CETTE BARAQUE...
LES FRANÇAIS PARFOIS ME FATIGUENT.

MON FILS JEAN?
NON, PLUTÔT DIRECTEUR DE FRANCE 3 NEUILLY...
ENCORE UN COL DU FÉMUR AGRESSÉ PAR UN CACA SOCIALISTE RUE CHARLES PASQUA...
DOC GYNÉCO? NON...
PLUTÔT COMME PRÉSENTATEUR DE "DES RACINES ET DES AILES"...
L'ÉGYPTE, C'DÉLIRE!
CARLITA?
MMH, LA FRANCE N'EST PAS PRÊTE, MAIS À LA PLACE DE PUJADAS, C'EST JOUABLE..
♫ Ya un prompteur qui m'a dit que la croissance était au rendez-vous encore ♫
SINON, ÇA VOUS DIRAIT DE JOUER UN BONZE DANS UN ÉPISODE DE "LOUIS-LA-BROCANTE"? LE RÔLE-TITRE SERA JOUÉ DÉSORMAIS PAR MON FILS...
JE PEUX BOOSTER VOTRE CARRIÈRE, VOUS SAVEZ!
LUZ.

LA DOUCE FÉERIE DU BLING
OH, LE JOLI SAPIN ! BRAVO LES ENFANTS ! ÉCOUTEZ-MOI DEUX MINUTES, J'AI BESOIN DE VOTRE AIDE...
JE CHERCHE UN CADEAU POUR PÔPA NICOLAS, MAIS JE N'AI AUCUNE IDÉE...
IL A TOUT !
IL A TELLEMENT DE ROLEX ET DE GOURMETTES QU'ON S'EN SERT POUR DÉCORER LE SAPIN !
HÉ ! MA GUIRLANDEUU !...

DEPUIS QU'IL EST PRÉSIDENT DE L'EUROPE, IL A PIQUÉ TELLEMENT DE STYLOS AUX CHEFS D'ÉTAT QU'ON LES UTILISE POUR FAIRE LA CRÈCHE !
AVEC LA GOMME EN GRAISSE DE YACK DU DALAÏ-LAMA EN GUISE DE PETIT JÉSUS !
MA GUIRLAN
PEUT-ÊTRE UNE NOUVELLE TÉLÉ...
MAIS NON, IL A DÉJÀ TF1 ET L'ASSEMBLÉE NATIONALE VIENT DE LUI OFFRIR FRANCE 2, FRANCE 3, FRANCE 4, FRANCE 5...
MA GUIRLAANDE !
C'EST FINI CES PLEURNICHERIES ?!!
ARRÊTE DE FAIRE TA RACHIDA DATI, SINON TU PASSES LE RÉVEILLON CHEZ FILLON !
AH OUIII !
ET SI JE LUI OFFRAIS UN NOUVEAU PREMIER MINISTRE ! IL EN RÊVE DEPUIS SI LONGTEMPS...
JE CROIS QU'IL ATTEND LES SOLDES DE JANVIER POUR S'EN PAYER UN AUTRE...
CROTTE !
LUZ.

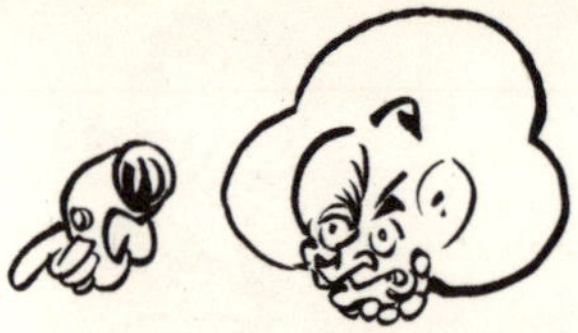

SURPRiiiiSE!
ALLEZ, PRÉSIDENT POPA, OUVRE TON CADEAU!
OH, UN FILLON... SUPER,,. VOUS AVEZ GARDÉ LE TICKET, J'ESPÈRE...
DISCO FIFI
ATTENDS, POPA, CELUI-LÀ IL EST VRAIMENT FUN: APPUIE SUR LE BOUTON, TU VAS COMPRENDRE...
MOUAIF!
LE FIFI! LE FIFI!
DISCO FIFI

GET UP GET ON UP GET UP
STAY ON THE SCENE
DISCO FIFI
LIKE A SEX MACHINE
HOOO! YEAH
À CHAQUE PRESSION DU BOUTON, UN MORCEAU DIFFÉRENT !
MWAHA HAHAHA !
TROP BIEN LE TOCARD !
DISCO FIFI
MOVE TON BODY, PIED-TENDRE !
ALEXANDRA
BORN TO BE ALIVE
THIS IS THE RYTHM OF THE NIGHT
ATTATION, PAPA, TU USES LES PILES !
I FEEL GOOD
VOUS AVEZ FAIT DES FOLIES
ALLÔ ! BACHELOT, APPELEZ-MOI VOTRE KINÉ !
CE QU'IL FAUT PAS FAIRE POUR GARDER SON JOB !
DISCO FIFI
LUZ

BRAZIIIIIL
QUAND TU FAIS DANSER LES FAVELAS, JE FAIS SIGNER DES CONTRATS...
ENSEMBLE ON DÉCHIRE TOUT, CARLA !
LE YIN CHARITABLE ALLIÉ AU YANG LIBÉRAL !
LA PLUME ET L'ACIER !
TENDRESSE ET ROBUSTESSE !
BOULE ET BILL
ET JE VAIS T'AVOUER UNE CHOSE : JE N'Y CROYAIS PAS AU DÉBUT MAIS TU M'AS CONVAINCU ... UNE AUTRE PRÉSIDENCE EST POSSIBLE !
EN 2009 PLACE AU SARKOZYSME ÉQUITABLE !

APRÈS LES MINISTRES RECYCLÉS COMME LE KOUCHNER PLACE AUX MINISTRES RECYCLABLES COMME RAMA YADE !
COOL
LES BARBELÉS DES CENTRES DE RÉTENTION SERONT REMPLACÉS PAR DES CAPSULES DE CANETTES DE REDBULL !
UTILISATION DE VIEILLES IDÉES DE RÉCUPÉRATION COMME CELLE DE L'ORTF !
ET VISE LE STYLO QUE J'AI PIQUÉ À LULA QUAND JE LUI AI FAIT SIGNER 6,7 MILLIARDS DE CONTRATS D'ARMEMENT...
...DE L'AUTHENTIQUE PLASTIQUE DU BIDONVILLE DE SAO PAULO !
TROP CHOU !
...LE MÊME DONTON FAIT LES PROTHÈSES POUR LES PETITS NENFANTS QUI SAUTENT SUR LES MINES ANTIPERSONNEL...
ET POURQUOI PAS, CARLITA, MAX HAVELAAR, MINISTRE DES PME ÉQUITABLES ET DU POUVOIR D'ACHAT BIO !
UN AUTRE SARKOZY EST POSSIBLE !
TOUT EST POSSIBLE...
...SAUF UNE CHOSE...
...C'EST DE DESCENDRE DE L'AVION AVEC CE SOMBRERO EN PNEU SUR LA TÊTE !
ALLONS, MON NICO, C'EST UN CADEAU D'AURÉLIEN FABRIQUÉ PAR DES CULS-DE-JATTE MEXICAINS
T'AS PROMIS, TONTON ZYZY !
NE M'APPELLE PAS "TONTON ZYZY" !
LUZ

PORNSTAR
ALORS, PRINCE'N, MON CHER SARKOWEBMASTER, QUI M'AIME AUJOURD'HUI SUR LE WEB?
FAITES-MOI RÊVER!
J'AI TROUVÉ UNE INTERVIEW EN VOTRE FAVEUR DE ...
...CLARA MORGANE! *
"J'AI L'HABITUDE DE PARLER DE POLITIQUE..."
MADEMOISELLE L'EX-HARDEUSE Y DIT TOUT LE BIEN QU'ELLE PENSE DE VOUS!
UNE PORNSTAR DANS MON COMITÉ DE SOUTIEN? POUSSEZ-VOUS DE LÀ QUE J'ME LA MATE!
"JE PENSE QU'IL FAIT DES ERREURS AUSSI MAIS..."
MONTEZ-MOI CE FOUTU SIÈGE! D'ICI JE VOIS MÊME PAS SES NICHONS, UN COMBLE!
YES MISTER PRESIDENT!

* VOIR www.wikio.fr/video/738018

REMANIEMENT 2
OUVERTURE
à la viande
JEAN, TU ES GRAND, MAINTENANT: JE VAIS T'APPRENDRE À TE SERVIR D'UN SOCIALISTE...
MAIS C'EST SALE, UN SOSS'!
C'EST MOITE EN MAIN, MAIS ON S'HABITUE!
POPA, POURQUOI SE SERVIR D'UN SOCIALISTE ALORS QUE DES TAS DE GENS DE DROITE SERAIENT RAVIS DE FAIRE LE SALE BOULOT?
TU VAS COMPRENDRE, MON JEANNOT...
JUSTEMENT, VOILÀ ÉRIC BESSON...
BESSON, VOUS ÊTES UN HOMME DE GAUCHE, N'EST-CE PAS?
JAMAIS JE NE RENIERAI MES CONVICTIONS SOCIALISTES, M. LE PRÉSIDENT.
SACHEZ.

EH BIEN, SOIT, J'AI BESOIN D'UN HUMANISTE COMME VOUS POUR DEVENIR MINISTRE DE L'IMMIGRATION ET DE L'IDENTITÉ NATIONALE À LA PLACE D'HORTEFEUX!
... POUR ÉGORGER UN FONCTIONNAIRE, ÉTRANGLER UN PETIT CHAT ET DANSER LA RUMBA!
SEIGNEUR, UN ZIZI DE SOSS'!
DÉSOLÉ, M. LE PRÉSIDENT MAIS MES CONVICTIONS SOCIALISTES M'INTERDISENT DE DANSER LA RUMBA...
SOIT! RESPECT À VOUS, ÉRIC!
QUESTION COMM', MON JEANNOT, L'ÉTHIQUE D'UN TRAÎTRE DE GAUCHE A PLUS DE VALEUR QUE LE LÉCHAGE DE CUL D'UN HOMME DE DROITE...
UN P'TIT CHAAAT!
AS-TU DÉJÀ VU KOUCHNER PORTER UN TUTU MADE IN CHINA?
LUZ'

WHO'S THE KING?
QUELLE JOIE, SARKOLITO, QUE TU AIES PU TE LIBÉRER POUR PARTAGER L'ÉPIPHANIE EN FAMILLE...
LA GALETTE DES ROIS, C'EST SACRÉ !
QUE TOUT LE MONDE ME PASSE SON ASSIETTE...
DEUX SECONDES, CARLITA, AVANT TOUTE CHOSE...!
DRELIIIILIIILIIN
MON CHER XAVIER BERTRAND, FAITES DONC CE QUE VOUS AVEZ À FAIRE...
GZIIZ

OUI, MON DOUBLE PRÉSIDENT!
GZIIZ
DU NERF, J'AI RENDEZ-VOUS!
JE VOUS CONSEILLE DONC LA 2e FACE À VOUS SUR VOTRE GAUCHE...
GZWIIIZ ZWZIIIIZZ
PARFAIT! CARLITA, VEUX-TU DONC ME SERVIR CETTE PART!
VIVE LE ROI PÔPA!
MAIS, TU NE RESTES PAS MANGER?
JE LÈGUE MA FRANGIPANE À BERTRAND!
VIVE LE ROI!
...MERCI BÉBERT, JE VEUX LA FÈVE SUR MON BUREAU DEMAIN MATIN À LA PREMIÈRE HEURE!...
HEU, LÀ, VOUS AVEZ AVALÉ LA FÈVE...
JE PRÉFÈRE LA CONSERVER EN LIEU SÛR!
PÔPA, JE PEUX TE L'EMPRUNTER CE SOIR? J'AI UNE SOIRÉE BINGO À NEUILLY!
HORS DE QUESTION, JEAN! TU VAS ENCORE L'UTILISER POUR GAGNER AU POKER AVEC TES POTES!
LUZ

HAPPY BIRTHDAY, M. PRÉSIDENT
PAS PASSÉ LOIN, CE REMANIEMENT... JE FAIS TOUT POUR GAGNER LA CONFIANCE DU PRÉSIDENT, RIEN N'Y FAIT...
CHHT ! Y A CES LÈCH'KOZY DE BESSON ET MORANO...
AGISSEZ LÀ OÙ IL NE VOUS ATTEND PAS : ÉTONNEZ SON COUPLE
BORLOO, VOUS ÊTES SÛR ?
CERTAIN ! UN INCONNU LUI OFFRE UN GÂTEAU POUR SON ANNIVERSAIRE DE MARIAGE : PURE ÉMOTION...
... ET PAF ! VOUS SURGISSEZ DU CAKE EN SECOUANT VOS MACHINS SOUS UNE PLUIE DE CONFETTIS : ET LÀ, SURPRISE ET RESPECT TOTAL !
DITES, VOUS L'AVEZ SACRÉMENT ARROSÉ DE KIRSCH CE GÂTEAU !
RECETTE DE FAMILLE TOP SECRÈTE !
À MON SIGNAL, VOUS FAITES PÉTER LES CONFETTIS ET DANSEZ COMME UNE SAUCISSE !

Pour Nicolas et Carla, toutes mes félicitations pour votre anniversaire de mariage, longue vie aussi pleine de pep's que ce gâteau... Votre plus grand admirateur !
J'ADORE LES ADMIRATEURS!
ALLEZ-Y, FRANÇOIS!
AH, CHER BERTRAND! POUR FÊTER VOS NOUVELLES FONCTIONS À L'UMP, CARLA ET MOI VOUS OFFRONS CE MODESTE CAKE!
MERCI, M. LE PRÉSIDENT
DE TOUTE FAÇON, JE SUIS AU RÉGIME!
FRANÇOIS, VOUS SORTEZ, OUI OU MERDE?
QUELLE HEURE EST-IL?
TOUT CE KIRSCH, M'A FAIT TOURNER LA TÊTE...
FAUT QUE JE SORTE DE C'GROS GÂTEAU...
UMP
UMP
HO HISSE! CROTTE! EN SÉCHANT, LA MERINGUE A DÛ BOUCHER LA SORTIE!
VIVE BERTH
UMP
VOUS AVEZ DES NOUVELLES DE CE TRISTE SIRE DE FILLON?
BURP!
BORLOO? VOUS ÊTES LÀ?
LUZ

PAS DE GRÈVE POUR LES PEOPLE !
CASSE-TO PAUV' CON
SARKOZY NON NON NON
ALLÔ, MON SARKOLISSIMO ? C'EST CARLA.
COMMENT ÇA VA, AVEC TOUTES CES GRÈVES ET CES SYNDICATS ?
SOIRÉE SIDACTIO
Pavillon d'Armen
OH, MON PAUV' CANARD PLAQUÉ OR, ELLE EST TROP DURE, TA LIFE...
OUI, JE M'AMUSE COMME UNE FOFOLLE : Y A TOUT LE GRATIN PEOPLE QUI MANGE DU HOMARD CONTRE LE SIDA ! ON A RÉCOLTÉ 700 000 € !
QUEL DOMMAGE QUE TU NE SOIS PAS LÀ...
Y A QUE DES TROP BELLES COPINES : VANESSA PARADIS, LAETITIA CASTA, VIRGINIE LEDOYEN...
GNAN
GNEU
GNIN
ET SURTOUT CE VIEUX RADIS DE RACHIDA !

NON.
LÀ, C'EST UN PEU LA LOSE : JE SUIS À CÔTÉ DE PIERRE BERGÉ, QUI DÉPRIME SÉVÈRE DEPUIS QU'YVES SAINT LAURENT EST PARTI...
NON, IL NE L'A PAS LARGUÉ, IL EST MORT ! SI, SI !
IL Y A AUSSI JEAN-PAUL GAULTIER, JACK LANG, HARRY ROSELMACK...
AH NON, JE NE SAIS PAS S'IL A UNE GROSSE... ATTENDS, TU PARLES DE QUI ? JACK LANG ?
DEUX SECONDES, IL Y A UN PHOTOGRAPHE DE "PARIS MATCH"... NE QUITTE PAS !
FLASHHHH...
ALLÔ, CHOUCHOULITO, T'ES TOUJOURS LÀ ?
OUAIS, SUIS LÀ ! IL EST OÙ, LE PHOTOGRAPHE DE "PARIS MATCH" ?
ET VOUS, ARRÊTEZ DE ME PINCER LES FESSES !
LUZ

LE PLASTIQUE, C'EST SARKOZYSTE
Pour la Saint-Valentin J'ai fait une surprise à mon Copain Pour les un an qu'on s'est marié Je me suis fait gonflé les nénés
VIREZ-MOI CE TOCARD!
SURPRISE, MON CHÉRI!
YA PAS DE PREFET QUI TIENNE!
ET VIREZ-MOI CE PIGNOUF DE COMMISSAIRE!
TU NE REMARQUES RIEN? JE T'AI FAIT LE CADEAU DE TES RÊVES POUR LA SAINT-VALENTIN!
ET VIREZ-MOI TOUTES CES FEIGNASSES DE GARDE MOBILES!

JE T'AIDE, CHOUCHOU: ÇA COMMENCE PAR "SILI" ET ÇA FINIT PAR "CONE"...
... ET TOUS LES CHIENS POLICIERS DE LA MANCHE!
SUPER TES NOUVELLES RAY-BAN, MON AMOUR!
NON, PAS VOUS, ALLIOT-MARIE! VOUS PORTEZ DES RAY-BAN MAINTENANT?
OUIIIIIN! TU N'ME REGARDES PLUUUUS!
HEU... JE VOUS QUITTE, J'AI OBAMA SUR L'AUTRE LIGNE...
PUISQUE C'EST ÇA, JE VAIS RAMENER TOUT ÇA CHEZ LE MARCHAND!
EXCUSE-MOI, CARLITA! C'EST PAS DES RAY-BAN, MAIS DES GUCCI, C'EST ÇA?
LUZ

LUZ

ROBOKOZY
DITES-LUI, IL PARAIT QU'IL EST DÉSORMAIS À L'ÉCOUTE DES CRITIQUES...
ALLEZ-Y, BRICE, IL VOUS A À LA BONNE !
HEU... MONSIEUR LE PRÉSIDENT...
JE NE SUIS PAS SÛR QUE LA SUPPRESSION DE LA TAXE PROFES-SIONNELLE PASSE AUPRÈS DE TOUS NOS ÉLUS LOCAUX UMP...
ENTENDU. JE PRENDS BONNE NOTE
INCROYABLE ! IL NE S'EST PAS ROULÉ PAR TERRE AVEC LA BAVE AUX LÈVRES !
IL A CHANGÉ, JE VOUS DIS.

LUZ

PRÉSIDENT PÔPA...
J'AI ÉTÉ À LA PISCINE AVEC TA NOUVELLE ROLEX, EH BIEN, ELLE N'EST PAS WATERPLOUF...
ENTENDU, JE PRENDS BONNE NOTE
COOL !
SARKOLITO, J'AI UTILISÉ TON DERNIER FIL DENTAIRE POUR REMPLACER MA CORDE CASSÉE, TU M'EN VEUX PAS ?..
ENTENDU, JE PRENDS BONNE NOTE
CE ROBOKOZY VA M'ÉCONOMISER UN SACRÉ NOMBRE D'ULCÈRES ! BELLE INVENTION...
TU AS L'AIR TENDU, LAISSE-MOI TE RELAXER !
ENTENDU, JE PRENDS BONNE NOTE
JE PRENDS BONNE N... JE PRENDS BONN... JE PRENDS... JE PRE... JE P.. JE P... P.. P.. P..
GUÉANT, ALLEZ ME CHERCHER UNE RED BULL ET DU SOPALIN...
LUZ

JE T'AIME, MON AMOUR.
ENTENDU, JE PRENDS BONNE NOTE
LUZ